KB213189

건강과 행복을 부르는
풍수지리

세상 어디에도
이런 책은 없었다!
행복한 우리 집의
미래를 위한 책

건강과 행복을 부르는
풍수지리

이재원 지음

두드림미디어

머리말

전국의 용맥과 명당, 풍수지리로 본 최적의 공간들

"잠을 자는 곳이 운명을 결정한다."

　이 책을 집필하게 된 가장 큰 이유는 사는 곳, 잠을 자는 곳이 운명을 결정할 만큼 중요한데 그 중요성을 모르는 분들이 너무도 많았기 때문이다. 또한 이사를 앞두고 어디로 가야 할지 막막해하는 많은 이들의 고민을 가까이에서 봐왔기 때문이다. 집을 옮긴다는 것은 단순한 거주의 변화가 아니라 새로운 삶의 출발점이며 집안의 흥망성쇠가 걸려 있기에 더욱 신중해야 한다. 그러나 풍수의 중요성을 몰라 간과하고 저렴하다는 이유로 섣불리 집을 선택했다가, 오히려 어려움을 겪는 안타까운 사례를 너무나도 많이 봐왔다. 경매로 저렴하게 나온 집을 덜컥 계약했지만, 결국 스스로 그 집을 다시 경매에 내놓아야 하는 상황에 내몰린다면 그보다 아까운 일이 어디 있을까?

왜 풍수지리가 중요한가?

이사를 준비하는 이들은 흔히 집값, 교통, 학군, 상권만을 고려하지만, 삶의 질을 결정짓는 더 근본적인 요소가 있다. 바로 땅의 기운, 즉 풍수지리다. 풍수는 미신이 아니며 오랜 세월 동안 자연과 인간의 조화 속에서 형성된 지혜이자, 터와 사람의 운명을 연결하는 고귀한 학문이다. 단순히 집의 외형이나 가격이 아니라 보이지 않는 땅의 기운과 주변 형국이 인생에 얼마나 깊은 영향을 미치는지 우리는 수많은 사례를 통해 확인할 수 있다.

문제의 원인

대부분의 사람들은 집을 볼 때 단기적인 조건에만 집중한다. '저렴한 가격', '좋은 학군', '교통 편의성'만으로 집을 고르다 보니, 정작 피해야 할 흉지를 스스로 선택하는 경우가 허다하다. 조금만 관심을 가지고 풍수의 기초적인 지식만 알아도 막을 수 있는데도, 터를 보는 눈이 없기에 삶의 기회를 잃고 고생하는 이들이 많은 현실이 참 안타깝다.

이 책의 목적

이 책은 풍수지리를 처음 접하는 분들도 쉽게 이해할 수 있도록 정리되었으며, 잠을 자는 잠자리에 따라 발복*하는 명당터들을 소개하고 있으니 최고 명서가 되리라 생각한다. 또한 전국의 명당, 좋은 기운을 품

---

* 발복(發福)은 운이 틔어서 복을 받는 것을 말한다.

은 아파트 단지, 명당 기운이 스며든 사찰, 풍수지리적으로 뛰어난 학교들까지 세심하게 담아냈다. 단순한 이론서가 아니라, 실전에서 바로 적용할 수 있는 풍수의 길잡이로서, 명당을 찾아가는 여정에서 여러분에게 소중한 나침반이 되어줄 것이다.

실제 적용 사례

필자는 오랫동안 수많은 사업장과 집들을 상담하며 좋은 풍수지리에 맞는 집과 학교, 사업장을 선택한 이들이 더 건강하고, 더 부유하고, 더 행복한 삶을 살아가는 것을 지켜봤다. 책에는 이처럼 실제 터를 찾아다니며 얻은 소중한 경험과 정보들을 녹여냈다. 특히 요즘은 학부모님들이 학군 위주로만 학교를 선택하는 경향이 강한데, 풍수적으로 좋은 학교는 학생의 학업 성취뿐 아니라 정서적 안정과 장래의 성공에도 중요한 역할을 하며, 큰 도움을 주니 이를 잘 활용한다면 더 발전할 수 있다. 상황에 따라 다소 차이는 있겠지만 학군보다 더 중요한 것이 바로 풍수 좋은 집이다. 좋은 기운이 가득한 환경에서 배우고 성장한 아이들은 공부를 넘어 마음과 인생까지 단단해진다.

이 책이 드리는 기대효과

이 책을 통해 독자 여러분은 단순한 입지가 아닌 성공하는 터전을 고르는 법을 배우게 될 것이다. 전국의 용맥, 명당, 형국 좋은 아파트, 그리고 삶을 안정시키는 사찰과 학교까지 한 권에 담아냈으니 이 책을 통해 얻은 지식과 눈으로 더는 나쁜 집, 나쁜 터를 잘못 고르는 실수를 반복하지 않기를 바란다.

부디 이 책이 여러분의 집안에 평온과 번영을 가져다주는 진정한 길잡이가 되었으면 한다. 끝으로 이 책이 세상에 나오기까지 애써주신 두드림미디어 출판사에 감사드리며, 나머지 궁금한 내용들은 네이버 카페 '도원풍수지리' 게시판을 통해 문의하시기 바란다.

2025년 3월
원수산 자락에서

桃園 이재원

차례

지역별 풍수지리 소개

PART 03 지역별 학교 풍수 소개

명당 사찰 여행

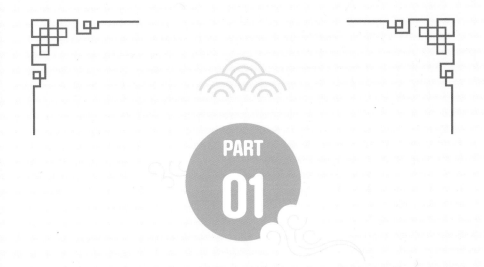

PART

01

풍수지리란 무엇인가?

풍수지리란?

풍수지리는 바람, 물, 땅의 이치를 말하며, 최고의 자연을 말한다. 그러니 아직도 풍수지리를 미신이나 못자리 보는 것으로만 알고 사는 사람들은 자연을 미신이라고 부르는 격이니 본인만 손해가 크다. 간단히 요약하면 풍수지리는 바람과 물, 땅의 이치를 읽어서 가장 조화롭게 자연을 잘 활용하며 살아가는 방법이다. 바람을 앞으로 맞으며 걷는 게 편한가, 바람을 등에 맞으며 걷는 게 편한가. 누가 들어도 바람을 등에 맞으며 걷는 게 편하고 좋다. 또 물위에서 배를 타고 있다면 물이 흐르는 쪽 반대로 가는 게 편한가, 물이 흐르는 쪽으로 자연스럽게 흘러가는 게 편한가. 역시 누구나 물이 흐르는 방향대로 가는 게 편할 것이다.

필자의 풍수지리 원리는 자연스러움을 추구한다. 나쁘다고 하는 집도 대체적으로는 집이 나쁜 것이 아니고 방이 나빴던 것이다. 사람은 잠을 잘 때 제정신으로 자는 게 아니기 때문에 누워 자는 잠자리가 나쁘면 나쁜 방에서 나쁜 기운이 들어와 운도 나쁘게 하강하며 몸도 아파진다. 반대로 좋은 방에서 잠을 자면 좋은 기운을 밤새 받으니 운도 상승하고 건강까지 좋아진다. 이렇듯 풍수지리는 최고의 자연 학문이기에 상업용 건물, 도시 계획 등의 설계 및 배치에서 사용하는 사람들이 날로 늘고 있으며, 중국, 일본, 대만, 싱가포르 등 동양을 넘어 서양에서도 널리 인정하는 나라들이 늘어나고 있다.

출처 : 저자 제공(이하 동일)

배산임수

풍수지리 학문에서 집 뒤에는 산, 집 앞에는 물이 있는 것을 배산임수라고 한다. 배산은 산이요 힘이며, 임수는 물이라는 것이다. 집 뒤에 산이 있으면 집을 지켜주는 모습이므로 든든한 모양이 되지만, 집 뒤가 휑하니 뚫려 있으면 혼자 독야청청 바람을 맞는 모습이라 좋지 않다. 하지만 아파트가 빽빽한 빌딩숲에서 산을 뒤로하기가 쉽지는 않다. 그런 곳에는 격이 떨어지지만, 아파트라도 뒤에 있어 뒤를 지켜주고, 뒤보다 낮은 도로가 앞에 있으면 배산임수가 된다.

사람도 누군가가 뒤에서 지켜주면 든든하지 않던가? 이를테면 빽 말이다. 배산임수면 내부구조와 주변이 합이 덜 되어도 흉이 적지만 배산임수가 되지 않고 뒤가 뚫려 있으면 혈혈단신의 모습이라 나쁜데 집안 내부구조까지 주변과 합이 되지 않으면 그 흉은 배가 된다. 아래 사진처럼 용맥이 배산을 하면 최고이고, 봉이 좋은 산이 집 뒤를 받쳐주며, 집 앞에 물이나 도로라도 있고, 멀리 작은 산이 내려다보여야 좋은 집의 조건이 된다. 임수에 대해 설명을 덧붙이면 집 앞이 집 뒤보다 조금이라도 낮으면 임수가 된다.

좌청룡

좌청룡은 앞을 바라봤을 때 좌측의 산이며 청룡의 기운을 가지고 있다. 좌청룡은 남자, 권력, 아들을 의미한다. 좌측의 산이 멋지고 좋으면 남자의 지위와 벼슬, 명예가 높아진다는 뜻이다. 좌측의 산이 아래 사진처럼 힘차고 좋아야 남편, 아들이 잘되며 벼슬, 명예가 좋아진다. 좌청룡은 관직에 있는 사람들에게 유리하며 아들이 많은 집도 유리하다. 그리고 좌청룡이 사진처럼 좋고 우백호가 없으면 아들처럼 강한 딸이 태어난다. 부모가 너는 누구를 닮아 선머슴처럼 사느냐고 하는 경우가 있는데, 거의 태어난 곳의 영향을 받았을 확률이 높다.

우백호

　우백호는 우측의 산을 말하며, 백호의 기운을 가지고 있다. 풍수지리 학적으로는 여자이며 재물, 부인, 딸을 뜻한다. 우측의 산은 낮으면서 올록볼록 집 앞까지 길게 뻗어 들어와야 재물이 잘 들어오고, 남자는 재물운이 좋아지며 현숙한 부인과 결혼을 하며, 예쁜 딸을 낳는다. 사 업가의 경우 우측의 백호가 좋아야 사업이 크게 번창한다. 그러나 우백 호가 강하고 좌청룡이 너무 빈약한 곳에서 아들을 낳으면 여자처럼 행 동하는 아들이 될 가능성이 높다. 부모가 우백호가 강한 곳에서 아들을 낳았기 때문에 그럴 확률이 큰 것이다.

아파트에서도 좌청룡 우백호를 찾을 수 있다

아파트 중심을 기준으로 사진상 좌측은 우백호가 되고 우측은 좌청룡이 된다. 또 사진상 우측에 사는 분들은 앞과 우측이 우백호가 되고, 좌측에 사는 분들은 앞과 좌측이 좌청룡이 된다. 만약 앞을 향한 자리 뒤에 아파트가 있다면 완벽한 배산임수 좌청룡 우백호가 성립된다.

건강과 행복을 부르는 풍수지리

사신사란?

사신사란 좌청룡(左靑龍) 우백호(右白虎) 전주작(前朱雀) 후현무(後玄武)이며, 앞에서 언급한 좌청룡 우백호 외에 배산과 안산을 다시 설명하면 후현무는 배산을 해주는 기운이고, 전주작은 앞에서 불어오는 바람을 막아주는 안산의 기운을 담고 있다.

사신사란 용맥의 혈을 보호하는 역할을 한다. 후현무는 배산의 기운을 가졌으며, 용맥의 혈이 뻗어 나온 곳이기에 제일 중요하다. 뒷빽이라는 말도 여기에서 시작된 말이며, 뒷배가 좋으면 누구도 건들 수 없는 강력한 힘이 있기에 가장 중요하다. 후현무가 바위로 이뤄진 바위산이면 지도자가 나오고, 흙으로 이뤄진 둥그스름한 토산이면 부자의 기운을 갖는다. 좌청룡은 남자의 기운, 공직자의 기운이 강하고, 우백호는 여자의 기운, 재물의 기운이 강하다. 전주작은 사업가에게는 재물인 노적봉, 공직자에게는 충직한 부하직원을 의미한다.

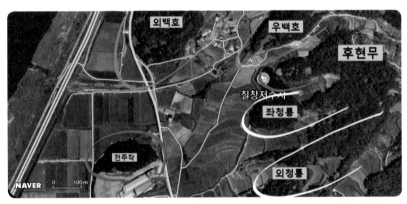

출처 : 네이버 지도

현관 풍수

현관은 입에 해당하는 중요한 자리다. 사람이 예쁘게 보이기 위해서 립스틱을 바르듯이 현관도 입술처럼 화사하고 예쁜 게 좋다. 입술의 립스틱이 엉망이면 보기 싫듯이 현관도 예쁘게 하고 신발 정리, 자전거, 유모차 정리 등 깔끔하고 예쁘게 해야 운이 들어온다. 현관에 꽃으로 인테리어를 하려면 화려한 색상의 조화도 괜찮으며, 그림이나 사진을 건다면 모란이나 해바라기 등 송이가 큰 꽃이 좋다. 현관 종은 집안에 나쁜 기운이 들어오지 말라는 뜻이 강하다.

예전부터 사립문에도 종을 달아 나쁜 기운이 집안에 못 들어오게 했으며 사찰이나 교회에서도 종을 울렸다. 한 해를 마무리하는 날도 보신각에서 종을 치니 종은 나쁜 기운을 물리치고 좋은 기운을 부르므로 우리네 삶에서 참으로 중요하다. 마지막으로 현관 바닥을 자주 소독하고 닦음으로써 나쁜 균이 방 안에 들어오지 않도록 한다. 아무 생각없이 맨발로 현관 바닥을 밟으면 신발을 따라 현관으로 들어온 균들이 이불 속까지 따라오니 현관 바닥 소독과 청소는 집안의 위생을 위해 참으로 중요하다.

출처 : 저자 제공(이하 동일)

거실 풍수

거실은 풍수지리에서 사회에 해당한다. 거실 인테리어를 잘못하면 사회성이 떨어지게 된다. 거실은 항상 밝은 게 좋다. 풍수지리를 보러 갔을 때 어떤 집은 전기세를 아낀다고 불을 끈 채 어둡게 해놓은 집들이 많은데, 거실은 사회라고 했으니 잠들 때가 아니면 밝게 해두는 게 좋다. 거실을 밝고 환하게 해두면 양적인 밝은 기운이 강해지니 사회성도 좋아지는 반면, 항상 어둡게 해두면 사회성이 부족해지고 사람들을 멀리하는 수가 있다. 다만 성격이 아주 활발해서 사회성이 아주 좋거나 조명이 밝아서 눈이 부시는 것을 싫어하는 분들은 조명 조절을 하실 필요가 없다. 소파 위치는 현관에서 봤을 때 45도 각도면 무난하다. 그러나 소파를 놓은 후 옆으로 보이는 전망이 넓고 시원해 보인다면 그 자리로 해도 좋다. 즉, 소파가 이쪽이냐 저쪽이냐에 따라서 밖으로 보이는 전망이 바뀌게 되고, 옆집과 눈이 마주치는 방향이 있으면 눈이 마주치지 않는 쪽으로 하는 게 프라이버시상 좋다.

주방 풍수

주방은 설거지가 제일 중요하며, 부엌에서 칼은 보이지 않게 해야 한다. 칼이 보이면 살기를 부르니 사용하고 나면 보이지 않게 하는 습관을 들여야 하며, 부엌은 불과 물이 공존하는 곳이니 불과 물을 중화시켜주는 초록색으로 인테리어하는 것이 좋다. 음양오행으로 보면 물은 수이며, 불은 화이니 물과 불을 중화시키는 초록색이 좋다. 부엌 인테리어에서 노란색은 입맛을 올려준다. 노란색은 음양오행에서 비장, 위장을 뜻하기 때문이다. 주방의 설거지는 가능하면 바로 하는 게 가족들 건강에 좋다. 설거지를 오랫동안 쌓아 놓았다가 하면 부패로 인해 식중독의 원인이 된다. 그리고 먹을 만큼만 장을 보라. 언제 먹을지도 모르는 음식들을 사두고 냉장고에 쌓아 두면 음식의 맛도 덜하지만 식중독의 원인이 되어 생활비도 2배로 손해가 된다. 냉장고에 음식을 가득 넣어두고 흐뭇해하는 주부들이 많은데 음식을 그날그날 바로 해 먹을 자신이 없으면 제발 사재기는 하지 마라. 음식을 조금씩 자주 사는 습관을 들이면 운동도 되고 얼마나 좋은가. 돈 주고 하는 운동을 줄이고 동네 슈퍼에 자주 가는 습관을 키워라. 대형마트에서 싸다고 사온 것을 봉지도 못 뜯은 채 버리는 경우가 많다. 무엇이 현명한지 다시 한번 깊이 살필 일이다.

안방 풍수

풍수지리에서 안방은 금고에 들어가며 집안의 기운을 제일 많이 필요로 한다. 사람은 평균적으로 인생의 3분의 1을 잠잔다. 이렇게 중요한 잠을 자면서 풍수지리의 좋은 기운을 받아야 하지 않겠는가. 안방은 아늑하고 편안한 느낌으로 만들어라. 사주에 따라 조금의 차이는 있을 수 있지만, 가능하면 차가운 느낌의 벽지보다는 포근하고 안정된 느낌을 주는 벽지가 좋다. 이미 도배한 지 얼마 안 되어 어쩔 수 없다면 액자나 소품을 이용해서 차가운 느낌을 줄이고 포근한 느낌이 들게 하는 인테리어도 좋다. 지갑은 항상 서랍에 넣어 둬라. 아이들이 없는 집이면 그 흥이 덜한데 아이가 있는 집이라면 지갑은 꼭 서랍에 넣어야 한다. 견물생심이라 하지 않던가. 아이가 돈이 필요한데 부모가 잘 안 주면 꺼내 갈 수 있으니 미연에 방지하라. 바늘 도둑이 소도둑 된다는 속담처럼 학습될 수가 있다. 그리고 지갑색은 사주에 따라 차이는 있지만 검정색이 좋다. 빨간색은 지갑을 빨리 열고 싶게 만든다. 빨간색은 뜨거운 열에 들어가니 닫아 두면 열기가 뻗쳐 문을 열고 나가고 싶은 원리와 비슷하다. 반대로 검정색은 모든 것을 감추고 싶어 하는 원리니 꼭꼭 닫고 싶어 한다. 사주에 수가 넘치는 사람만 빨간색이나 노란색을 사용할 수 있다.

화장실 풍수

화장실이 풍수지리에서 왜 그렇게 중요할까? 화장실은 관상학적으로 보면 풍수지리상 사람의 항문에 해당된다. 사람이 제아무리 잘나고, 훌륭하며, 지위가 높아도 대소변을 보지 못하면 얼마 못 가서 죽는다. 우리가 아무리 화장실을 더럽다고 해도 대변, 소변을 보지 않으면 사람은 결국 죽기 때문에 최고로 중요하다. 그렇다면 살고 있는 집의 화장실이 좋고 나쁨을 어떻게 알아낼 수 있을까? 화장실은 들어가서 앉아 있을 때 무서운 마음이 살짝 들면 운수가 좋을 길상(吉祥)이다. 왜냐하면 수맥은 냉기이니 수맥이 화장실에 흐르면 무서운 기가 흘러서 화장실에 앉아 있을 때 무서운 생각이 많이 들수록 좋은 화장실이 되는 것이다. 그리고 화장실로 머리를 두면 안 된다는 말이 있는데 예전 풍수지리에 맞춰서 지은 집은 화장실로 머리를 두면 안된다는 말이 맞다. 그러나 풍수지리에 맞추지 않고 지어진 집들은 화장실로 머리를 둬도 되는 경우가 있고, 안 되는 경우가 있다. 보충 설명을 하자면 풍수설계에 맞춰 지은 집들은 화장실을 기가 빠지는 제일 나쁜 자리에 배치하기 때문에 화장실로 머리를 두면 안 된다는 말이 맞는데, 풍수설계에 맞추지 않은 집들까지 이 말을 인용하는 사례가 생긴 것이다. 그리고 화장실 뚜껑을 닫고 물을 내리느냐, 열고 내리느냐, 화장실 문을 열어 두느냐, 닫아 두느냐는 위생적인 문제일 뿐 풍수와는 상관이 없다.

호랑이를 탄 장군으로 풍수 인테리어 꾸미기

용맹함과 용기가 필요하신 분들을 위한 것으로, 장검을 들고 호랑이 위에서 승리를 향해 돌격하는 호랑이를 탄 장군으로 풍수 인테리어를 하는 것이다. 세상을 살아가면서 때로는 용기와 용맹이 필요할 때가 많다. 용기와 용맹함을 잃어버린 분들과 장군, 지도자의 꿈을 향해 달리는 분들께 꼭 필요한 그림을 소개한다. 고통을 당한 뒤 삶이 두렵거나 무서운 분들에게는 용기 있게 살아갈 용기와 용맹함이 너무도 필요하다.

이렇게 기백이 넘치는 그림은 음기도 놀라서 물러가게 한다. 혹시 악몽을 자주 꾸는 분들도 이런 사진을 머리맡에 잘 보이는 곳에 두면 좋다. 용기가 가득한 얼굴은 항상 자신감이 넘치지만, 용기가 없고 불안한 얼굴은 들어오려는 운까지 막을 것이니 사람이 필요할 때 용기를 내는 것은 가장 위대한 영양제다. 현대그룹의 故 정주영 회장님은 정확한 목표를 세우고 용기 있게 소를 몰고 집을 나가 오늘의 현대그룹을 이뤄내셨고, 나라가 위급할 때 용기 있게 나서준 백성들 덕분에 오늘의 우리나라가 있듯이 용기는 모든 분야에서 힘이 넘치는 영양제처럼 너무도 중요하다. 이런 용맹스러운 기백의 사진을 PC 바탕화면에 쓰면 용기와 기백을 올려주는 데 최고다.

사람이 무언가를 계속 본다는 것은 운명을 결정하기에 중요하다. 장군, 지도자의 꿈을 가진 분들에게도 최고의 풍수 인테리어 그림이며, 삶에 쫓겨 잠시 용기를 잃어버린 분에게도 용기를 살려줄 최고의 그림이다.

출처 : ChatGPT(이하 동일)

봉황새 부부 그림으로 풍수 인테리어 꾸미기

풍수 인테리어는 집안의 기운을 조화롭게 만들어 생활의 안정과 행복을 가져다준다. 그중에서도 최고의 새인 '봉황새 부부가 사랑을 나누는 그림'은 좋은 인연과 가정의 화목을 상징하는 최고의 풍수 인테리어이며, 봉황새는 예로부터 최고의 길조로 여겼기에 왕과 왕비를 상징하는 새로도 유명하다. 특히 한 쌍의 봉황이 함께 있는 그림은 부부간의 애정을 돈독하게 하고, 가정의 화목을 지켜주는 좋은 역할을 한다. 따라서 부부운, 연애운, 애정운이 좋아지고 싶은 분들에게 강력 추천하는 풍수 인테리어 그림이다.

봉황새 부부 그림을 배치하면 좋은 곳은 침실이다. 부부의 침실에 봉황새 부부 그림을 걸어두면 서로에 대한 애정이 깊어지고, 다툼을 줄이는 데 도움이 된다. 침대 머리맡이나 침대에 누워서 잘 보이는 정면 벽에 걸어두면 좋은 기운이 부부를 감싸주고, 거실에 봉황새 부부 그림을 두면 가족 간의 화목이 증진된다. 특히, 소파 위나 현관 입구에 걸어두면 방문객들에게도 긍정적이고 좋은 기운을 전달할 수 있으니 최고다.

금두꺼비 가족 풍수 인테리어로 부자 되고 재물운 올리기

사람은 보이는 시각에 따라 운이 열리기도 하고, 열려 있던 운이 닫히기도 한다. 즉, 내가 어떤 광경을 본 뒤 감동을 받아 행동하고 실천하면 성공의 계기가 되지만, 어떤 장면을 본 뒤 충격을 받으면 트라우마가 되어 잘 달리던 인생에 브레이크로 작용해서 인생이 망가지기도 한다. 그래서 사람이 무엇을 본다는 것은 인생에서 너무도 중요하고 중요하다.

소개해드리는 금두꺼비 사진을 보고 '너희는 사랑스럽다', '우리 가족이 사는 모습과 어찌 그리 똑같니?' 하며 주변과 우주가 볼 때 애정 어린 시선을 느낄 수 있도록 하자. 내가 상대에게 매달리면 도망갈 확률이 높지만, 긍정적으로 살며 내가 하는 일에서 최고가 되어 이미 행복을 느끼고 살면 주변과 우주가 내 편이 되려 하며 매달리는 것이 세상 원리다. 나와 우리 가족이 오늘부터 세상에서 가장 행복하게 사는 게 지구에 나온 최고 행복 저축이다.

음악과 풍수 인테리어

음악이 우리에게 미치는 영향은 말로 표현할 수 없이 크다. 이렇게 중요한 음악을 본인의 파동에 맞춰서 들어보자. 파동이란 사물이 가지고 있는 성질의 주파수를 말하며, 세상 모든 만물에는 파동이 있으니 자신만의 파동에 맞는 음악을 듣는다면 더 큰 행복을 누리리라. 초음파를 이용한 벌레 퇴치기를 보면 파동이 주는 영향이 얼마나 큰지 이해가 더 빠를 것이다. 벌레 퇴치기의 초음파 파동이 사람의 귀에는 들리지 않지만, 벌레에게는 듣기 싫은 주파수의 파동이기 때문에 그 소리가 들리면 멀리 달아나는 원리다. 파동을 이용한 훌륭한 발명품이다.

그래서 요즘은 음악도 병을 치료하는 전문성 있는 음악으로 발전하고 있기에 음악치료사라는 직업도 생겼다. 아름다운 음악이 흐르면 공간이 훨씬 부드럽고 편안해지며, 공포스러운 음악이 흐르면 소리만 들어도 온몸이 으스스하지 않던가. 특히나 요즘은 유튜브 덕분에 원하는 음악을 장르별, 기능별로 들을 수 있으니 구글에 감사 인사를 해야 될 정도다. 이렇듯 음악으로 꾸미는 풍수 인테리어는 공간에 나의 주파수에 맞는 소리를 채워 우주에서 좋은 기운을 끌어오는 원리니, 우주에 널려 있는 좋은 기운을 우리 집안으로 가득 끌어들여 더 행복한 삶을 누려보자.

잘되고 부자 된 집은 함부로 팔지 마라

전에 살던 집에서는 일이 아주 잘 풀리고 승승장구 했는데 이사하고 나서 매출은 반토막, 또는 하던 일이 내리막길이 되는 경우가 있다. 장사도 대박 나던 자리를 함부로 확장하면 망하는 경우가 생기듯이 잘살고 부자되었던 집도 함부로 버리고 이사하면 낭패를 겪는 경우가 많다. 그러니 새로운 집에서 일이 잘된다고 함부로 큰 집을 얻어서 나가면 낭패를 보는 수가 많으므로 잘되고 부자 된 집에서 이사할 때는 풍수지리 상담을 한 후 이사하는 게 안전하고 좋다. 만약에 이사한 새로운 집에서 일이 잘되면 그대로 살면 되지만, 혹여라도 새로운 집에서 하는 일이 막히고 건강까지 나빠진다면 예전에 살던 집으로 돌아오는 것도 좋다. 만약에 아파트일 경우 다른 사람에게 팔렸다면 살던 층 바로 위층이나 아래층으로 들어오면 되고, 주택이라면 바로 뒷집이나 앞집을 예전에 살던 대로 집 안 구조를 변경해서 살면 괜찮을 수 있다. 부자들도 성공했던 자리를 절대 버리지 않고 생가로 남겨둔 경우를 잘 기억해야 된다.

밤마다 아기가 울면

옛말에 아기가 울면 집안이 망한다는 말이 있다. 아기가 울면 왜 집안이 망할까? 아기는 순수해서 풍수지리의 기운을 빨리 느끼기 때문이며, 꼭 새벽 1시부터 3시경 사이에 깨어 우는 집이 나쁘다. 음양오행적으로 보면 새벽 1시부터 3시까지가 음의 기운이 가장 강한 시간이라이 시간에 깬다는 것은 음의 기운이 가장 강한 시간에 깬 것이기 때문에 풍수지리적 음의 기운이 강한 집인 것이다. 즉, 옛날에는 이 시간에 조상님들 제사를 지냈던 것도 음의 기운이 가장 강력한 시간이었기 때문이다. 대처법으로는 방을 바꿔보는 것도 좋은 방법이며 방을 바꿔봐도 변화가 없으면 이사를 하는 것도 생각해봐야 된다. 아기만 울 뿐 가족들의 건강과 사업에 지장이 없다면 그대로 살아도 되며, 건강과 사업이 악화된다면 이사를 생각하는 것이 좋다.

주택 단지에 부유한 마을과 가난한 마을이 만들어지는 이유

풍수지리학적으로 부유한 마을과 가난한 마을이 만들어지는 이유를 살펴보자. 예를 들면 어느 지역에 첫 번째 집이 주택을 지어 살고 있는데 다른 사람이 두 번째로 집을 지어 살려고 할 경우 자기의 집 방향으로 집을 짓게 하거나, 내부까지 비슷하게 짓도록 권하거나, 먼저 본인 집을 지었던 업자를 소개해서 똑같은 집, 똑같은 방향으로 집을 짓게 하는 경우가 있다. 다행히 그렇게 지은 집이 풍수지리적으로 좋으면 두 번째, 세 번째 등등 사람들이 비슷하게 집을 지어 부유한 마을이 되는 경우가 많다. 첫 번째 지은 집의 방향, 주변, 내부 구조가 풍수지리적으로 나빠서 가난하면 이후에 오는 사람들도 앞 사람을 따라서 비슷하게 집을 지어 가난한 마을이 되는 경우가 생기기도 한다.

잘되는 집안의 묘지 이장의 위험성

요즘 장례문화가 화장으로 바뀌며 선산에 계시는 조상님들을 화장해서 납골당이나 교통이 편리한 곳으로 모시려는 분들이 많다. 그나마 조상님들이 계시는 선산의 묘지가 풍수지리적으로 흉하면 화장을 해서 옮겨도 아무 상관이 없지만, 예전부터 집안에 큰 인물이 나오거나 현재 잘사는 집안이라면 위험한 이장이 될 가능성이 높다. 결국 갈수록 조상님들을 찾지 않는 후손들의 편리성을 위해 한곳으로 모신다고는 하지만, 풍수지리가 좋은 못자리에 계시는 조상님이라면 이장하거나 화장할 바에는 조상님을 안 찾아도 되니 그대로 두는 게 좋다. 좋은 자리에 계시는 조상님을 화장해서 원래보다 더 못한 자리로 옮기면 조상님들과 동기감응을 하던 후손들이 가장 큰 타격을 보는데, 이는 조상님이 후손에게 해코지를 하는 게 아니라 이미 주고 있던 좋은 기운을 후손들이 받지 못해 타격을 보게 되는 것이다. 다행히 옮기는 자리가 예전 자리와 동급이거나 더 좋다면 아무 상관이 없다.

풍수지리에 의한 대한민국 색상은 어떤 색이 유리할까?

세계지도에서 대한민국을 찾아보면 동쪽인 목국에 해당되고, 유럽은 서쪽인 금국에 해당된다. 즉, 동쪽은 음양오행적으로 목, 화, 토, 금, 수 중 목국에 해당되며, 목의 기운을 누르기 위해 옛날 선비들이 흰색의 도포를 즐겨 입었다. 특히 목의 특성은 인정은 많으나 우발적인 기운이 강하니 목의 기운을 눌러주는 색을 사용하면 땅의 기운이 부드러워져 국민들이 조금이라도 유리해진다. 아쉬웠던 점이라면 옛날에 목의 기운을 빼기 위해 목을 상극하는 흰색보다 목을 상생하는 빨간색으로 힘을 뺐더라면 더 잘 맞았을 것이다. 목을 상생하는 색으로는 빨강이 좋으며 다음으로 노랑, 흰색 순인데 빨간색을 사용하지 않고 흰색으로 목의 기운을 강제로 빼려 했던 부분은 아쉽게 느껴진다.

우리가 드라마나 영화를 보면 왕은 빨간색이나 노란색을 주로 입는데, 목에게 좋은 1등 색은 왕만 입고 선비들은 2등 색을 입게 한 것은 왕의 권위를 나타내려 했을 것이며, 붉은 띠를 한 서북쪽 침략자들에 의해 빨간색은 공포의 색이므로 흰색을 선호하지 않았을까 한다. 요즘은 경기장에 가도 붉은 옷을 입은 선수와 붉은 악마 응원단으로 인해 붉은색이 살아나고 있는 것을 보면 다행이라고 생각한다. 반대로 유럽은 서국의 금국이니 금의 힘을 빼주는 검정, 초록, 빨강이 좋을 것이며 우리는 보이지 않아도 음양오행의 기운에 살고 있으니 나라에서 국화를 정하듯이 국색도 나라의 기운에 맞게 정하면 조금이라도 나라가 발전하리라 생각한다. 이렇듯 우리나라는 목의 기운이 강한 나라라서 목의 기운을 빼기 위해 붉은색, 노란색, 흰색을 권해서 선수들의 경기에 입도록 하고, 응원단도 그 색의 옷을 입고 응원하면 선수들이 좋은 기운을 받아 더 좋은 경기를 할 것이다. 땅의 기운이란 일반인의 눈에는 보이지 않지만 땅은 자기만의 기운을 가지고 있으니 이를 잘 알고 풍수지리적으로 잘 활용한다면 나라도 발전하고 개인도 더 발전할 수 있을 것이다.

집을 고를 때 집 뒤의 골바람을 가장 조심하라!

아파트의 골바람은 집 뒤에 아파트와 아파트 사이에서 불어오는 바람을 일컫는데, 북풍의 골바람은 건강을 해친다고 해서 나쁘게 보며, 집 뒤에서 불어오는 북풍의 골바람이 가장 강력하니 불리하다. 좋은 집의 조건에서 내 집 뒤에 둥근 산이 있으면 좋고, 용맥이 집 뒤에 있으면 최고 길상으로 친다. 어떤 집이라도 집 뒤를 산이나, 산이 없으면 아파트라도 안정되게 받쳐줘야 좋은 형국이며, 이미 정해진 집이라면 어쩔수 없더라도 지금 집을 구하시는 분들은 같은 조건이면 골바람을 뒤에둔 집보다 아파트라도 내 집 뒤를 막아주는 집을 구하시는 게 좋다.

조심할 사항으로는 집 뒤가 논이어도 불리하며, 강이나 호수, 저수지가 집 뒤에 있어도 좋은 집 조건에서 불리하다. 아래의 사진들을 보고글을 이해하면 더 많은 공부가 될 것이다. 좌측 사진은 뒤가 완전히 뚫려 있지만, 우측 사진은 골 사이를 산이 막고 있다. 이런 경우 우측 골바람은 골바람이라도 아주 약하게 분다.

부모님이 차례대로 돌아가시는 집의
풍수지리적 해석

'부모님이 차례대로 돌아가시는 집.'

가끔 이런 말을 들어봤을 것이다. 아버지가 돌아가시자 바로 어머니가 돌아가시거나, 어머니가 돌아가시자 아버지가 바로 돌아가시는 경우가 있는데, 두 분이 잉꼬부부처럼 서로를 너무 사랑해서 바로 따라가셨다고 하는 경우도 많고, 물론 그럴 가능성도 높다. 그러나 새로운 집에 가서 두 분이 머물던 안방이 풍수지리적으로 나쁘면 두 분이 함께 심하게 아프던지, 두 분이 차례대로 돌아가실 가능성이 높아진다. 특히 조심할 사항은 두 분이 기존의 집에서 건강하게 잘 사시다가 노년에 조용한 전원생활을 하시겠다고 시골에 들어가 새 집을 지어 사시다가 자주 아프고 병원을 찾는다면 지체 없이 집 안의 풍수지리 점검을 해야 된다.

어르신들은 아프시면 '나이 들어서 당연히 아픈거지'라고 말씀하시면서 나이 들어 병이 드는 것을 당연한 듯 받아들이신다. 그러나 원래 오랫동안 살던 집에서 조금씩 조금씩 아파진다면 자연스러운 노년의 모습이지만, 엊그제까지 건강하게 잘 지내시다가 새로운 집에 들어와서 1~2년 사이에 건강이 급격히 나빠졌다면 들어가신 집에 문제가 있을 확률이 90% 이상일 가능성이 높다. 이미 도원풍수지리 카페의 많은 회원님들 중 새로운 집에 들어간 후 병치레하시는 부모님들이 걱정되어 풍수지리 상담으로 방을 바꾼 후 건강을 되찾으신 사례가 많다.

예전에 카페 회원님 중 부모님이 오랫동안 잘 사셨던 집에서 어머니가 갑작스럽게 유방암에 걸려 풍수지리 상담을 하신 적이 있는데, 상담하신 집은 정상적인 집이었지만 자식들이 모두 출가한 후 방을 하나씩 넓게 쓰고자 어머니께서 음기 가득한 작은방에 머무신 후 유방암을 얻으셨다. 다행히 회원님의 빠른 풍수지리 상담으로 초기에 집 안 점검을 잘하시고 병도 잘 치료하셔서 정상적인 방에 잘 머물고 계신다. 이처럼 집은 정상인데 방에 문제가 있으면 중병을 얻거나 차례대로 돌아가시기도 한다. 부모님 두 분이 잉꼬부부처럼 건강하게 사시면 최고의 축복이며, 새로운 집에 들어가 2~3년 내에 심한 병치레를 하시면 집 안의 풍수지리를 점검하는 것이 필수다.

용맥이란?

주산의 기운을 받은 둥근 산이 낮고 길게 용처럼 구불구불 뻗어 나가는 것을 용맥이라고 한다. 용맥은 암석으로 이뤄진 용맥이 있고, 토질로 이뤄진 용맥이 있는데, 암석으로 이뤄진 용맥은 힘을 상징하고 토질로 이뤄진 용맥은 온화한 기운을 상징한다. 용맥의 형국은 머리 부분이 거북 형상을 닮으면 길격이고 구불거릴수록 좋은 용맥으로 본다.

용맥이 길게 쭉 뻗은 맥의 자리에 집을 지으면 남들의 도움을 받는 것보다 내가 강해져서 많은 이들을 이끌 수 있는 에너지가 생기니, 하는 일에서 최고의 발전을 할 수가 있다. 좋은 용맥의 조건으로는 낮고 길게 구불구불 큰 용이 가는 모습이면 풍수지리학적으로 최고로 길하며, 아래 사진처럼 거북을 닮은 형국도 아주 길하게 본다. 명당은 좌청룡 우백호가 팔로 감싸안은 듯 보호하고 지켜주니 명당이 이뤄진다. 필자가 책을 낸 가장 큰 이유는 다른 나라에서 보기 힘든 귀한 용맥을 소개하기 위함이며, 성공한 많은 분들을 연구해본 결과, 용맥의 명당에 조상님들을 모시고 성공하신 분들이 많았기 때문이다.

용맥 집과 배산임수의 집 소개

용맥 집 소개와 배산임수의 집 소개는 용맥 집을 구하시는 분들에게 많은 도움이 되는 내용이다. 집이 지어진 곳들을 보면 논이 있던 곳에 지어진 자리가 있고, 언덕이나 밭에 있던 곳에 지어진 곳이 있으며, 배산이 있던 자리에 지어진 곳이 있고, 용맥이 있던 자리에 지어진 곳들이 있다. 이 중에서 용맥에 지어진 집이 제일 좋고, 배산임수가 되는 자리에 지어진 집이 다음으로 좋으며, 마지막으로 낮은 언덕에 지어진 집 순으로 좋다. 용맥의 소개에서도 언급했듯이 용맥은 지구의 가장 좋은 에너지를 바로 받을 수 있으니 용맥을 배산으로 좌청룡 우백호를 갖추면 최고 명당의 집이 되고, 다음으로 낮은 산을 뒤로한 배산임수 좌청룡 우백호를 한 집을 2등으로 친다.

어쩌면 책을 만들게 된 가장 큰 동기가 바로 이러한 용맥 집과 배산임수가 잘된 아파트, 집과 터를 소개하기 위함이다. 시중에 여행하기 좋은 책, 맛집 투어하기 좋은 책 등 수많은 책들이 있지만, 한눈에 보는 풍수지리 좋은 집 찾기, 명당에서 좋은 기운을 받는 명당 투어와 같은 책은 아직 없기에 풍수지리에 의한 터나 좋은 집 찾기, 명당 여행을 하고 싶은 분들께는 보석처럼 귀한 책이 될 것이다. 그리고 용맥 집이라도 아파트의 경우 기운을 받는 라인이 있고, 기운이 빠지는 라인이 있는 이유는 아파트는 대칭으로 지어졌기 때문이다. 즉, 한쪽 라인이 기운을 받으면 다른 한쪽 라인은 기운이 빠지는 경우들이 많은데, 물론 주변 상황에 따라 라인 모두가 좋을 수도 있지만 많은 동의 라인들이 좋고 나쁨으로 나뉘는 경우가 많다. 주택 역시 용맥에 있어도 안방과 현관, 부엌, 거실, 작은방, 화장실이 어느 위치에 있느냐에 따라 기운이 변하며, 어떤 집은 제일 좋은 자리에 있어서는 안 될 화장실이 있어서 잘못된 배치로 발복을 못하는 경우가 있다. 중요한 사항으로는 위성으로 찾은 용맥이니 현장에 가서 높이와 모양이 좋으면 용맥으로 보고,

높이와 모양이 약하면 배산이 될 수 있다. 그리고 가장 중요한 점으로 이 책은 이사를 앞둔 분들 중 어떤 집, 어떤 아파트 단지를 선택해야 될지 막연한 분들께 좋은 선택지가 될 것이니 풍수지리가 좋은 단지를 찾으시는 데 교과서처럼 활용하시길 바란다.

용맥 집

아래 사진은 용맥이 배산하고 좌청룡 우백호가 뛰어난 괴산 홍범식 고택이다. 이렇게 집 뒤의 용맥이 둥글면 길상이며, 풍수배치까지 좋아야 발복을 한다. 즉, 얼굴이 잘생긴 가수가 음정, 박자가 안 좋으면 유명 가수가 될 수 없듯이 집이 발복하려면 주변과 합이 되는 풍수설계가 되는 게 최우선이며, 아파트 역시 풍수적으로 동이 좋아도 라인에 따라 길흉이 다르다. 아파트 동 역시 라인이 나쁘면 얼굴 잘생긴 가수가 음정, 박자를 모르는 것과 똑같으니 마지막 선택은 풍수지리 전문가의 자문을 받으면 더 좋은 집을 얻게 될 것이다.

출처 : 저자 제공

출처 : 네이버 지도

PART

02

지역별 풍수지리 소개

아파트와 용맥 풍수지리

아파트 풍수는 단지 전체의 형국을 먼저 보며, 단지 전체가 추위를 이겨내는 북극의 펭귄 무리처럼 서로가 서로를 의지하며 동들이 배산하고 좌청룡 우백호가 되는 것을 우선으로 본다. 물론 실제 산이나 좌청룡 우백호가 되어 있으면 더 좋으며, 용맥이 배산을 하면 최고의 좋은 형국으로 친다. 거기에 좌청룡 우백호에 안산까지 갖춘 아파트라면 명가의 동으로 본다. 다만 알려드린 좋은 동은 라인과 층에 따라 길흉의 차이는 있으며, 알려드린 동에 들어갔는데 발전을 못한다면 각 방에 따른 풍수배치에 문제가 있을 수 있다. 아파트 단지는 좋은 형국에 있을 수 있고, 산이 없는 곳에 지어진 단지는 명당 여부보다는 이런 형국일 때 이런 동이 좋다는 것을 강조하는 것이니 이 점을 꼭 기억하길 바란다. 즉, 인물 좋은 가수가 음정, 박자가 나쁘면 노래 못하는 가수가 되듯이 집도 알려드린 동의 인물이 아무리 좋아도 라인과 층에 따라 길흉이 다르므로, 마지막 선택은 꼭 풍수지리 전문가의 자문을 받아야 발복이 유리하며, 명당을 만드는 용맥 역시 풍수설계에 의한 집을 지어야 발복에 유리하다. 또한 용맥 옆에는 우사나 돈사가 있을 수 있으니 잘 보고 계약하시길 바란다.

PART 02를 읽으실 때 빨간색은 단지의 중심점을 뜻하거나 용맥을 표시한 것이며, 청색은 좌청룡, 노란색은 우백호고, 보라색은 안산을 뜻한다. 가장 좋은 조건은 빨간색의 용맥이 배산, 주변 산들이 좌청룡 우백호가 되는 경우며, 다음으로는 아파트 동들이 배산을 하고 좌청룡 우백호가 된 경우다. 즉, 아파트도 풍수지리에서는 산에 들어가고 도로는 물에 들어가니 주변 도로와 단지의 동에 따라 풍수지리 조건이 형성될 수 있다.

순서는 서울시, 경기도, 인천시 다음으로는 가나다 순으로 배치했다.

서울특별시

서울특별시 강남구 도곡동

　서울특별시 강남구 도곡동 527번지 도곡렉슬 아파트는 빨간색 동들을 중심으로 뒤의 동들이 배산을 하고, 다른 단지가 Y의 형태로 좌청룡이 되며, 둥근 산이 우백호가 되어 좋은 형국이 되었다. 초등학교와 고등학교가 앞마당이 되므로 조망권까지 확보되어 좋다. 참고할 사항으로는 뒤에 산이 없는 형국에 아파트가 배산이 되었을 때는 뒤의 동이 배산이 되었는지가 아주 중요하며, 맨 뒤의 동이라도 다른 단지가 배산을 해주면 좋다. 이는 아파트를 볼 때 아주 중요한 사항이며, 이런 형국에서는 411동, 412동, 304동, 305, 306동을 단지 중 풍수지리가 좋은 동으로 보고, 학교 역시 배산을 잘 받았다고 보면 된다.

출처 : 네이버 지도(이하 동일)

서울특별시 강남구 수서동

서울특별시 강남구 수서동 747번지 삼성 아파트는 107동을 광수산이 배산하고, 108동과 106동이 좌청룡 우백호가 되며, 조망권까지 확보되어 좋은 형국이다. 공직자, 사업가 모두에게 안정된 형국으로 101동, 104동, 109동도 107동보다 앞마당만 작을 뿐이지 형국은 좋다.

서울특별시 강남구 개포동

서울특별시 강남구 개포동 654번지 현대 2차 아파트는 빨간색으로 표시한 동들을 중심으로 뒤의 다른 동들이 배산하며, 낮은 산이 우백호가 좋은 형국이다. 좋은 동으로는 202동, 203동, 220동이 있는데 앞마당까지 넓게 확보되어 사업가에게 더 유리한 형국이며 지도자에게도 좋다.

서울특별시 강남구 세곡동

서울특별시 강남구 세곡동 424-8번지 아파트와 주택 단지는 단지를 중심으로 세곡공원이 배산을 하고, 좌청룡 우백호의 형국이 좋아 남향 기준 사업가 공직자 모두에게 좋은 형국이다.

서울특별시 강남구 자곡동

서울특별시 강남구 자곡동 산33번지의 주택 단지는 단지를 중심으로 배산임수 좌청룡 우백호가 뛰어나 형국이 좋으며, 용맥의 기운까지 담아 더 좋으니 지도자, 공직자 사업가 모두에게 좋은 형국이다.

서울특별시 강서구 화곡동

서울특별시 강서구 화곡동 1148번지 우장산롯데캐슬퍼스트 아파트와 주택 단지는 빨간 표시를 중심으로 용맥의 기운을 담은 검덕산이 배산을 하고, 우장산이 재물인 우백호가 좋아 지도자, 사업가에게 좋은 형국이다.

서울특별시 관악구 신림동

서울특별시 관악구 신림동 715-9번지 신림건영 2차 아파트와 주택 단지는 단지를 중심으로 동남향 기준 배산임수 우백호가 뛰어나 사업가에게 유리하다. 학교도 우백호 재물운이 높으니 학생들에게 경제교육을 해주면 좋다.

서울특별시 관악구 신림동

서울특별시 관악구 신림동 1721번지 우정하이버전 아파트와 주변 주택 단지는 단지를 중심으로 배산과 좌청룡 우백호가 좋은 형국이며, 동남향은 지도자, 공직자, 학생, 사업가에게 좋은 단지다.

서울특별시 광진구 광장동

서울특별시 광진구 광장동 145-8번지 워커힐 아파트는 단지를 중심으로 아차산이 배산을 하고, 단지의 동들이 좌청룡과 우백호가 되어 좋은 형국이며, 아차산의 강한 기운을 잘 받으니 지도자에게 아주 유리한 형국이다.

서울특별시 광진구 구의동

서울특별시 광진구 구의동 662번지 아차산 한라 아파트와 앞쪽 주택 단지는 용맥의 아차산이 배산을 하고, 좌청룡이 용맥을 안산처럼 감싸주니 길하며, 배산과 좌청룡이 강하니 지도자, 공직자에게 특히 좋다.

서울특별시 금천구 시흥동

서울특별시 금천구 시흥동 3-72번지 주택 단지 주변과 시흥삼익 아파트 단지는 단지를 중심으로 배산과 좌청룡, 안산이 뛰어나 공직자, 학생에게 유리한 아주 좋은 형국이며, 주택 단지들도 남향, 서남향이 더 유리하다.

서울특별시 동작구 동작동

서울특별시 동작구 동작동 332번지 이수교KCC스위첸 아파트와 주택 단지는 현충그린공원이 배산과 우백호가 되어 지도자, 사업가에게 좋다. 이러한 형국의 경우 좌청룡 우백호를 모두 얻으려면 동남향이 좋다.

서울특별시 동작구 동작동

서울특별시 동작구 동작동 333번지 아파트와 주택 단지는 현충근린공원이 배산과 우백호가 되어 서남향은 재물운이 강하고, 동남향은 공직자, 학생에게 좋은 형국이 되었다. 극동아파트, 롯데캐슬도 같이 해석하면 된다.

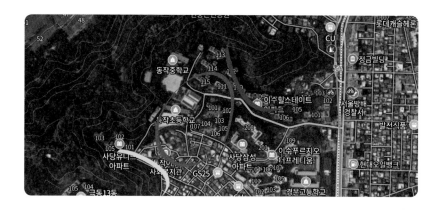

서울특별시 동작구 사당동

서울특별시 동작구 사당동 180-21번지 주변은 단지를 중심으로 대
방공원이 배산을 하고, 좌청룡 우백호가 좋은 형국이 되어 동남향 주택
이 더 유리하며, 극동아파트의 경우 동남향은 공직자, 사업가는 서남향
이 좋다.

서울특별시 마포구 상암동

서울특별시 마포구 상암동 1674번지 상암월드컵파크 아파트는 단
지를 중심으로 배산과 좌청룡이 좋은 형국이라 서남향 집이 유리하며,
동남향 집은 좌청룡 우백호는 얻으나 배산이 약하니 뒤의 동은 건강을
조심해야 된다.

서울특별시 서대문구 북아현동

서울특별시 서대문구 북아현동 1-1835번지 주택지 주변은 가운데 빨간 용맥을 닮은 배산을 중심으로 우백호를 잘 갖춰 재물운이 좋은 형국이 되었으며, 남향 집들은 우백호가 전체를 안아주듯 감싸주니 좋다.

서울특별시 서대문구 홍제동

서울특별시 서대문구 홍제동 312-30번지 주택 빌라단지는 단지를 중심으로 배산과 우백호가 뛰어난 좋은 형국이며, 남향집은 배산과 재물인 우백호가 뛰어나 지도자, 사업가에게 좋은 최고의 형국이다.

서울특별시 서대문구 홍은동

서울특별시 서대문구 홍은동 188-29번지 금송힐스빌과 그 주변은 단지를 중심으로 배산과 좌청룡 우백호가 뛰어난 좋은 형국이며, 금송 힐스빌은 문재인 전 대통령이 당선 전 머물렀던 곳으로 지도자, 공직자, 사업가에게 좋은 형국이다.

서울특별시 서초구 양재동

서울특별시 서초구 양재동 58번지 주택과 빌라 단지는 빨간색 용맥을 중심으로 배산이 좋고 좌청룡 우백호가 뛰어나다. 이런 형국의 경우 동남향 집은 공직자, 사업가에게 좋다.

서울특별시 성동구 옥수동

서울특별시 성동구 옥수동 428번지 옥수극동 아파트 단지는 단지를 중심으로 배산이 좋고 우백호가 좋은 형국이며, 동남향은 배산과 우백호의 힘이 좋고, 한강이 마주하며 기운을 주니 지도자, 사업가에게 좋은 형국이다.

서울특별시 송파구 잠실동

서울특별시 송파구 잠실동 35번지 잠실트리지움 아파트는 342동 서남향 동을 다른 단지들이 양옆으로 좌청룡 우백호를 만들고 앞마당까지 확보되어 좋다. 다른 동들도 이렇게 찾으면 좋은 형국을 갖춘 동들이 많다.

서울특별시 영등포구 여의도동

서울특별시 영등포구 여의도동 38-1번지 광장 아파트, 여의도미성 아파트는 1동, 2동 동남향 동들을 같은 동이 배산, 옆의 동들이 벽을 세워 좌청룡이 되고 앞마당까지 확보되어 좋다. 산이 없는 곳에서 참고할 단지다.

서울특별시 은평구 불광동

서울특별시 은평구 불광동 633번지 북한산힐스테이트, 현대홈타운 아파트는 정남향 동들을 기준으로 강력한 북한산이 배산과 좌청룡이 되어 큰 꿈을 가질 지도자, 공직자 학생에게 좋으며, 사업가들은 우백호 쪽 남향이 좋다.

서울특별시 은평구 진관동

서울특별시 은평구 진관동 84번지 은평뉴타운우물골 2단지 아파트는 빨간 정남향 동들을 북한산 줄기가 배산하고, 좌청룡 우백호가 좋은 형국이 되어 공직자, 사업가, 학생, 모두에게 전원주택에 사는 듯 아주 좋은 형국이다.

서울특별시 은평구 수색동

서울특별시 은평구 수색동 341-6번지 DMCSK뷰 아이파크포레 아파트는 서남향은 용맥의 기운을 담은 배산과 우백호가 좋으며, 지도자, 공직자, 사업가, 학생, 모두에게 유리하고 동남향은 좌청룡만 얻으니 공직자에게 유리하다.

경기도

경기도 고양시 일산동구 중산동

경기도 고양시 일산동구 중산동 1575번지 동부건영 5단지 아파트는 단지를 중심으로 배산과 좌청룡이 뛰어나며 힘찬 배산과 좌청룡이 단지에 기운을 보내니 지도자, 공직자, 학생에게 좋은 형국이다. 맨 앞의 남향 집이 더 유리하며 조망권까지 확보되어 좋다.

PART 02 서두에서 말씀드렸듯이 빨간색은 용맥 또는 단지, 집의 기준이고 청색은 좌청룡, 노란색은 우백호다. 빨간 용맥이 표시되거나 배산이 강하면 강력한 지도자를 꿈꾸는 분들께 좋고, 좌청룡은 공직자, 학생에게 좋으며, 우백호는 사업가, 경제적 자유, 재물운을 높일 분들께 좋으니 참고해서 읽으면 이해가 더 빠를 것이다. 아파트 단지의 동이 배산과 좌청룡 우백호도 되니 참고하면 된다.

경기도 군포시 당동

경기도 군포시 당동 979-1번지 용호마을e편한세상 아파트는 정남향을 중심으로 배산과 우백호의 형국이 좋아 지도자, 사업가에게는 아주 유리한 형국이며, 우백호의 산이 단지에 기운을 주니 더 좋은 형국이 되었다.

경기도 김포시 고촌읍 신곡리

경기도 김포시 고촌읍 신곡리 932번지 빨간 서남향 동들 기준으로 아파트 동들이 좌청룡과 우백호가 되어 좋은 형국이 되었다. 비행기 소음이 강한 김포에서 잘 지어진 좋은 단지는 안산까지 예뻐서 좋다.

경기도 김포시 운양동

경기도 김포시 운양동 1325-7번지 모담마을한강파크드림 아파트와 월드메르디앙 3차 아파트는 한강의 북풍이 강해 배산이 되는 것이 아주 중요하다. 빨간 동그라미를 중심으로 좌청룡 우백호가 된 동들이 특히 좋다.

경기도 남양주시 호평동

경기도 남양주시 호평동 724번지 동남향 동들을 기준으로 강력한 배산과 좌청룡 우백호가 호위를 하는 듯 좋으며, 보라색 안산까지 팔로 감아주는 듯한 형국이라 지도자, 공직자, 사업가, 꿈을 크게 가질 분들께도 아주 좋은 단지다.

경기도 성남시 분당구 백현동

경기도 성남시 분당구 백현동 608번지 더샵판교퍼스트파크이며 힘찬 배산에 좌청룡 우백호를 잘 갖추고 아래에 안산까지 갖춰 더 형국이 되었다. 공직자, 사업가 모두에게 좋은 형국이다.

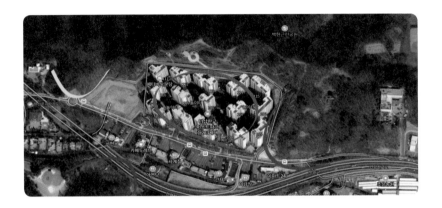

경기도 성남시 분당구 이매동

경기도 성남시 분당구 이매동 321번지 럭키타운 아파트는 단지를 중심으로 배산임수 좌청룡 우백호가 뛰어나 공직자, 사업가, 학생에게 모두 좋으며, 바로 옆 포스파크빌라 아파트는 좌청룡만 좋아 지도자, 공직자에게 좋다.

경기도 성남시 분당구 야탑동

경기도 성남시 분당구 야탑동 185번지 목련마을 화성빌리지 서남향 동들을 기준으로 좌청룡 우백호가 뛰어나 지도자, 공직자, 사업가, 학생 모두에게 좋은 형국이다. 이러한 형국의 경우 공직자는 서남향 동이 더 유리하다.

경기도 성남시 분당구 율동

경기도 성남시 분당구 율동 318번지며, 용맥을 중심으로 좌청룡 우백호가 뛰어나 용맥에 공직자, 사업가 모두에게 좋은 형국이며, 두 용맥 앞은 비어 있으니 천리마가 주인을 기다리는 듯 좋다.

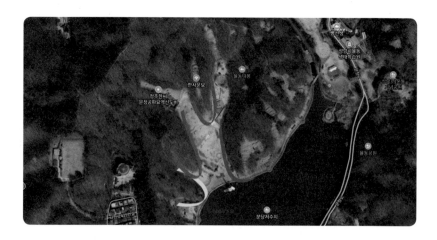

경기도 수원시 권선구 권선동

경기도 수원시 권선구 권선동 1337번지 수원아이파크시티 7단지 아파트는 정남향 동들을 중심으로 다른 단지들이 좌청룡 우백호가 좋은 형국이 되었다. 이렇듯 다른 단지들이 좌청룡 우백호가 되어줘도 좋다.

경기도 수원시 영통구 이의동

경기도 수원시 영통구 이의동 1212번지 광교웰빙타운 호반가든하임 아파트는 단지를 중심으로 용맥이 배산을 하고 좌청룡 우백호가 좋은 형국을 이뤘으며 지도자, 공직자, 사업가, 학생들에게 좋은 명당 형국이다.

경기도 시흥시 능곡동

경기도 시흥시 능곡동 676번지 류자신 선생 묘 아래며, 용맥이 힘차
명당의 기운을 받는 주택 단지는 좌청룡 우백호까지 뛰어나 지도자, 공
직자, 사업가 모두에게 좋은 형국이다. 용맥의 기운을 잘 받으려면 서
남향 집이 유리하다.

경기도 안산시 상록구 일동

경기도 안산시 상록구 일동 233-7번지 빌라와 주택이 잘 조성된 단지
는 용맥이 강력해서 최고며, 서남향은 좌청룡 우백호에 안산까지 잘 갖춘
좋은 형국이라 지도자, 공직자 사업가, 공부하는 학생에게도 아주 좋다.

경기도 안산시 단원구 초지동(공장)

경기도 안산시 단원구 초지동 620-12번지 빨간 용맥들을 기준으로 배산이 좋고, 좌청룡 우백호로 좋은 형국이 되었다. 용맥 아래는 공장 단지들이며 공장도 풍수지리가 좋아야 더 발전할 수 있다. 용맥을 중심으로 좌청룡 우백호에 보라색의 안산까지 좋아 노적봉의 기운을 받는 듯 좋다. 특히나 공장은 사원들 가족들 생계까지 직결되니 얼마나 더 중요한가. 회사를 운영하는 대표님들께서 풍수지리 중요성을 인지해서 회사와 사원 모두가 발전하면 좋겠다.

풍수지리를 접한 지 얼마 안 되시는 분들은 책을 읽다가 궁금한 사항이 생기면 네이버에 도원풍수지리(https://cafe.naver.com/saju8845)를 검색해서 카페에 가입 후 질문하시면 된다. 질문 사항으로는 알고자 하는 아파트 동이 배산인지, 좌청룡 우백호가 있는지 없는지 헷갈리는 경우 등을 올리시길 바란다.

경기도 안성시 금광면 신양복리

경기도 안성시 금광면 신양복리 337-81번지 주택 단지는 단지를 중심으로 뒤의 배산과 좌청룡 우백호가 단지를 감싸며 좋은 형국이 되어 지도자, 공직자, 사업가 모두에게 좋은 형국이다.

경기도 양주시 덕정동

경기도 양주시 덕정동 540번지 덕정서희스타일스 2단지 아파트는 단지를 중심으로 좌청룡 우백호가 좋고, 이러한 형국의 경우 남향집이 유리하며, 단지 아래 주택들도 남향이 좋고, 바로 옆 단지는 서남향이 유리하다.

경기도 오산시 가수동

경기도 오산시 가수동 33번지 가수동늘푸른오스카빌 아파트는 뒤의 낮은 산이 단지에 기운을 잘 주고 있고, 재물인 우백호의 기운을 잘 받아 좋다. 100동, 101동, 112동, 114동은 조망까지 좋다.

경기도 용인시 기흥구 공세동

경기도 용인시 기흥구 공세동 663번지 용인기흥벽산블루밍 아파트는 단지를 중심으로 배산에 좌청룡 우백호가 뛰어나고, 서남향이 공직자, 사업가 모두에게 유리하며, 동남향은 우백호가 약해 사업가에게는 조금 불리하다.

경기도 용인시 기흥구 지곡동

경기도 용인시 기흥구 지곡동 704번지 써니밸리 아파트는 배산에 힘찬 좌청룡 우백호가 좋은 형국을 이뤄 공직자, 사업가 모두에게 좋은 형국이며, 아래 주택 단지도 좌청룡 우백호의 기운을 잘 받으니 좋은 형국이다.

경기도 용인시 기흥구 청덕동

경기도 용인시 기흥구 청덕동 488번지 물푸레마을 휴먼시아 3단지 아파트는 강력한 배산에 힘찬 좌청룡 우백호가 좋은 형국을 이루고 있으며, 지도자, 공직자에게 모두에게 좋은 단지는 산이 높으니 5층 이상이 유리하다.

경기도 용인시 수지구 신봉동

경기도 용인시 수지구 신봉동 911번지 신봉마을 자이 1, 2차 아파트는 단지를 중심으로 광교산이 배산하고, 좌청룡 우백호가 좋아 공직자, 사업가 모두에게 좋은 형국이며, 우측 수지광교산아이파크도 동남향은 좌청룡 우백호가 좋다.

경기도 용인시 수지구 풍덕천동

경기도 용인시 수지구 풍덕천동 381-42번지 전원주택 단지는 용맥이 동쪽을 향하고 있고, 힘찬 좌청룡과 우백호가 좋은 형국이며, 용맥의 기운이 동쪽을 향하니 남향집보다 동향으로 좌향을 잡으면 더 좋다.

경기도 용인시 처인구 남동

경기도 용인시 처인구 남동 584-1번지 아파트와 주택 단지를 중심으로 배산과 좌청룡 우백호가 좋아 공직자 사업가 모두에게 좋으며, 아래의 안산까지 좋아 더 좋은 형국이다.

경기도 이천시 호법면 유산리

경기도 이천시 호법면 유산리 894번지 양우내안애 아파트는 단지를 중심으로 용맥의 기운을 담은 배산과 좌청룡 우백호가 뛰어나 좋은 형국이며, 공직자 사업가 모두에게 좋고, 주변 자연도 좋아 전원주택에 사는 듯하다.

경기도 화성시 매송면 송라리

경기도 화성시 매송면 송라리 401-1번지 용맥은 용맥을 중심으로 좌청룡과 우백호가 좋은 형국이 되어 공직자, 학생, 사업가 모두에게 좋으며, 용맥 아래는 비어 있어 천리마가 주인을 기다리는 듯 좋은 자리다.

경기도 화성시 우정읍 조암리

경기도 화성시 우정읍 조암리 493-52번지 주택 단지는 단지를 중심으로 힘차게 뻗어 나온 용맥이 좌청룡과 우백호가 되어 공직자, 학생, 사업가 모두에게 좋은 단지가 되었으며, 마치 가재가 큰 다리를 펴는 듯 좋다.

경기도 화성시 정남면 수면리

경기도 화성시 정남면 수면리 18-3번지 주택 단지는 단지를 중심으로 좌청룡과 우백호가 좋은 형국이 되어 공직자, 사업가 모두에게 좋은 단지가 되었으며, 노적봉 산이 날개를 펼친 듯 주택 단지에 힘을 실어 주니 더 좋다.

경기도 화성시 장안면 장안리

경기도 화성시 장안면 장안리 386-3번지 주택 단지는 단지를 중심으로 배산과 좌청룡 우백호가 좋은 형국을 만들어 공직자, 사업가 모두에게 좋은 단지가 되었으며, 우백호가 끝까지 단지를 감아주어 재물운이 더 좋다.

인천광역시

인천광역시 서구 가정동

인천광역시 서구 가정동 602-9번지 주택 단지와 주변이며, 2개의 강력한 용맥을 배산으로 좌청룡과 아파트 동들이 벽을 세워 우백호가 되어 좋은 형국이 되었다. 강력한 용맥이 배산하고 좌청룡이 좋아 지도자, 공직자, 학생에게 더 좋은 형국이며, 용맥 밑의 집들은 용맥이 강하니 2층 이상부터가 유리하다. 우측 동그라미 기준으로 보면 용맥이 우백호가 되니 좋다.

용맥이나 배산이 없는 곳에 지어진 아파트 단지는 동들 스스로가 좌청룡 우백호가 되어 좋은 형국 위주로 올리니 그러한 단지는 명당이냐, 아니냐보다 이런 형국의 단지에서는 이런 동이 좋다는 것으로 읽으면 되며, 올린 동들은 모두 좋은 게 아니고 라인에 따라 길흉이 다르므로 마지막 선택은 꼭 풍수지리 전문가의 자문을 받는다면 좋은 집을 구하시는 데 도움이 될 것이다.

인천광역시 서구 가좌동

인천광역시 서구 가좌동 407번지 아파트 단지는 단지를 중심으로
함봉산이 배산하고 좌청룡이 좋아 공직자, 학생에게 유리한 형국이며,
이러한 형국에서 공직자, 학생에게는 서남향 동이 더 유리하다.

인천광역시 서구 시천동

인천광역시 서구 시천동 86-79번지 단지를 중심으로 좋은 배산에
좌청룡과 우백호가 좋아 공직자, 사업가 모두에게 좋은 형국이며, 이런
형국은 전원주택지로 좋으니 좌향은 서남향이 좋다.

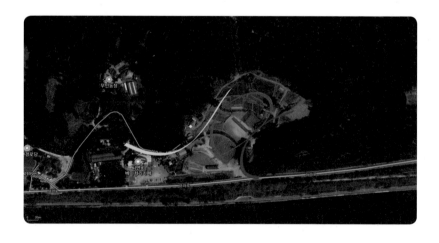

인천광역시 중구 운남동

인천광역시 중구 운남동 1563-2번지 주택 단지는 동남향을 중심으로 좋은 배산에 좌청룡과 우백호가 좋아 지도자, 공직자, 사업가, 학생에게 모두 좋은 형국이며, 지도에서 위와 아래 빨간 동그라미 2곳은 같은 기운이다.

영종도는 비행기 소음이 크고 북풍, 서북풍이 강해 서북풍을 막아줄 배산이 매우 중요하다. 많은 승객을 비행기에 태우고 이동하는 승무원들은 풍수적으로 안정된 곳에 머물러야 승객들의 안전에 더 유리하다. 서북풍을 막아주는 이런 형국이 좋으니 지도자, 공직자 및 승무원들께 추천한다.

인천광역시 중구 운서동

인천광역시 중구 운서동 2886-12번지 단지를 중심으로 좋은 배산에 튼튼한 좌청룡이 있어 지도자, 공직자에게 좋은 형국이다. 이곳에 들어가시는 분들은 남향, 서남향이 유리하다.

인천광역시 중구 운북동

인천광역시 중구 운북동 453-67번지 더원빌리지 단지는 단지를 중심으로 힘찬 배산에 좌청룡과 우백호가 강한 서북풍을 막아주어 좋은 형국이 되어 바람 많은 영종도에서 풍수지리를 중요시하는 분들께 아주 좋은 단지다.

강원특별자치도

강원특별자치도 강릉시 강동면 언별리

강원특별자치도 강릉시 강동면 언별리 산340번지 용맥은 용맥을 중심으로 힘찬 좌청룡 우백호, 안산을 잘 갖춰 좋은 형국이 되었다. 용맥을 향해 좌청룡 우백호, 안산이 기운을 가득 주니 인재교육원, 사찰로도 좋은 최고의 명당 자리다.

이 책에서는 용맥이라는 단어가 자주 나온다. 서두에도 말했듯이 용맥은 용의 모습을 닮았다고 해서 용맥이라 부르며, 대부분의 명당은 용맥에 있다고 보면 되니 앞으로 인재가 되고 싶거나 큰 꿈을 이루고 싶은 분들께 추천한다. 참고로 용맥의 명당에 천리마가 주인을 기다리듯 비어 있는 곳이 있으니 삼대의 복을 지은 사람이 들어가서 발복하면 좋겠다.

강원특별자치도 속초시 도문동

강원특별자치도 속초시 도문동 81번지 용맥은 용맥을 중심으로 힘찬 좌청룡 우백호, 안산을 잘 갖춰 공직자, 사업가에게 좋은 자리이며 인재교육원, 사찰로도 좋다. 용맥 아래는 천리마가 주인을 기다리는 듯 좋다.

강원특별자치도 원주시 반곡동

강원특별자치도 원주시 반곡동 1822-11번지 원주혁신도시제일풍경채 아파트는 단지를 중심으로 좌청룡 우백호를 잘 갖춰 좋은 형국이 되었다. 아래 빨간 동그라미 안의 111동, 112동이 기운을 잘 받아서 더 좋다.

강원특별자치도 춘천시 신북읍 용산리

강원특별자치도 춘천시 신북읍 용산리 산48번지 용맥은 용맥을 중심으로 힘찬 좌청룡 우백호, 안산을 잘 갖춰 명당의 형국이 되어 지도자, 사업가에게 좋으며 용맥 앞에 물이 있으면 용이 물을 먹는 형국이라 더 좋다.

강원특별자치도 횡성군 공근면 덕촌리

강원특별자치도 횡성군 공근면 덕촌리 219번지 용맥은 용맥을 중심으로 힘찬 좌청룡 우백호에 안산까지 잘 갖춰 아주 좋은 형국이 되었다. 지도자, 공직자, 사업가 모두에게 좋은 형국이다.

경상남도

경상남도 거제시 아주동

경상남도 거제시 아주동 744-1번지 아파트와 주택 단지는 단지를 중심으로 힘찬 배산을 받고, 좌청룡과 우백호가 좋은 형국을 이뤘다. 이러한 경우 동남향은 좌청룡 우백호를 모두 얻어 지도자, 학생, 사업가 모두에게 좋고, 서남향은 배산과 우백호만 있어 사업가에게 좋다.

인걸은 지령이라 했다.[*] 용맥들을 보시면 인재가 나오기 좋다. 이미 잘나가는 기업들과 지도자층들은 풍수를 잘 활용해서 명당에 조상님들을 모시고, 풍수 좋은 집에서 발전하며, 성공하는 경우가 많다. 이렇듯 우리나라는 풍수지리 좋은 용맥이 많으니 이를 잘 활용하면 집안과 나라에 보탬이 되는 인재들이 많이 나올 좋은 나라다. 책을 통해 많은 분들이 풍수의 중요성들을 안다면 책을 만든 보람이 클 것이다.

---

[*] 땅이 좋아야 훌륭한 인물이 난다는 뜻이다.

경상남도 거제시 옥포동

경상남도 거제시 옥포동 874-11번지 주변은 단지를 중심으로 힘찬 배산을 받고, 좌청룡과 우백호가 좋아 공직자, 학생, 사업가 모두에게 좋은 형국이다. 이런 형국에서는 남향이 좋다.

경상남도 거제시 장평동

경상남도 거제시 장평동 859-19번지 거제수창프라임시티 아파트는 강력한 배산과 좌청룡과 우백호가 좋은 형국을 이뤘다. 마치 전원주택에 있는 듯 편안한 형국이며, 전원주택을 꿈꾸는 분들께도 아늑하고 좋다.

경상남도 거창군 거창읍 학리

경상남도 거창군 거창읍 학리 419-2번지 용맥은 두 용맥을 중심으로 좌청룡 우백호가 뛰어나다. 좌청룡 우백호, 안산이 모두 두 용맥을 숭배하듯 좋은 형국이니 집안을 일으킬 인재가 나올 좋은 형국이다.

경상남도 고성군 마암면 도전리

경상남도 고성군 마암면 도전리 968-2번지 용맥은 동쪽으로 뻗은 용맥이 좌청룡과 우백호까지 얻어 좋은 형국을 이뤘다. 이러한 형국은 용맥 끝에 정자를 지어 도심에 지친 분들의 휴식처로 하면 최고다.

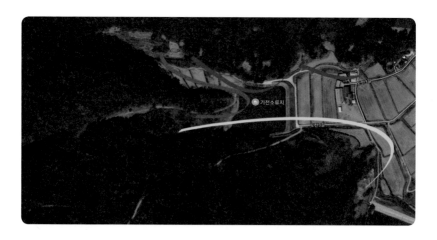

경상남도 밀양시 청도면 고법리

경상남도 밀양시 청도면 고법리 423번지 전원주택지는 용맥의 배산과 좌청룡 우백호가 명당의 형국을 이뤄서 좋으며, 서북쪽을 용맥이 지키고 있어 명당 형국이 완성되었다. 이런 형국의 경우 서서남향 집이 좋다.

경상남도 산청군 오부면 중촌리

경상남도 산청군 오부면 중촌리 305번지 전원주택지는 서남향 기준으로 용맥의 배산과 좌청룡 우백호가 뛰어난 형국이며, 공직자, 지도자, 사업가에게 좋다. 용맥이 뛰어나 집안과 나라에 보탬이 되는 인재가 나올 수 있다.

경상남도 양산시 동면 사송리

경상남도 양산시 동면 사송리 1166번지 사송더샵데시앙 2차 아파트 단지는 신밭골산이 배산을 하고 좌청룡, 우백호가 좋은 형국이며, 서남향 집은 좌청룡 우백호 모두 좋고, 동남향 집은 좌청룡만 좋으니 참고하길 바란다.

경상남도 양산시 양산시 북정동

경상남도 양산시 북정동 436번지 양산북정대동빌라트 아파트 단지는 둥근 배산과 좌청룡이 뛰어나 공직자, 사업가, 학생에게 좋은 형국이다. 이런 형국에서는 남향, 서남향이 유리하다.

경상남도 의령군 유곡면 세간리

경상남도 의령군 유곡면 세간리 758번지 용맥은 강력한 좌청룡 우백호가 좋은 형국을 만들었다. 특히 용맥을 중심으로 좌청룡 우백호들도 용맥에 기운을 모두 보내고 있으니 부자가 나올 좋은 형국이다.

경상남도 의령군 의령읍 무전리

경상남도 의령군 의령읍 무전리 954-1번지 용맥은 용맥에 강력한 좌청룡 우백호들이 좋다. 특징으로는 좌청룡 우백호들도 용맥에 기운을 모두 보내고 있으니 인재교육원이 생기면 많은 인재가 나올 명당 자리다.

경상남도 창녕군 남지읍 신전리

경상남도 창녕군 남지읍 신전리 1077번지 용맥은 강력한 좌청룡과 우백호가 좋은 명당의 형국이며, 용맥이 물을 먹는 명당 형국이니 이러한 자리에 인재교육원이 생긴다면 인재가 많이 나올 명당이다.

경상남도 창녕군 대합면 대동리

경상남도 창녕군 대합면 대동리 산6번지 용맥은 두 용맥에 강력한 좌청룡과 우백호가 좋은 형국을 만들었다. 특징으로는 용맥이 물을 먹고 있어 더 좋게 되었으며, 전원주택지로 아주 좋은 명당 형국이다.

경상남도 진주시 명석면 왕지리

경상남도 진주시 명석면 왕지리 377-3번지는 힘찬 용맥 배산 및 좌청룡과 우백호가 좋은 형국을 만들었으며, 용맥과 좌청룡 사이의 마을도 안정된 형국이다. 용맥 아래는 비어 있는데 천리마가 주인을 기다리는 듯 좋다.

경상남도 창원시 마산합포구 진동면 태봉리

경상남도 창원시 마산합포구 진동면 태봉리 산90번지 용맥은 강력한 좌청룡과 우백호가 용맥에 기운을 주어 좋은 형국이니 국가기관, 인재교육원이 생긴다면 나라의 발전에 크게 도움될 인재가 나올 좋은 자리다.

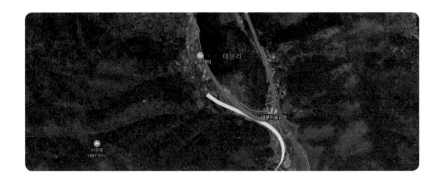

경상남도 창원시 마산회원구 내서읍 상곡리

경상남도 창원시 마산회원구 내서읍 상곡리 192번지 용맥은 강력한 용맥과 구불구불한 좌청룡과 우백호가 고개를 숙이듯 용맥에 기운을 주니 좋은 형국이다. 이런 경우 아파트는 높은 층이 유리하며 도청 자리로도 최고다.

경상남도 창원시 마산회원구 합성동

경상남도 창원시 마산회원구 합성동 135-85번지 아파트와 주택 단지는 배산과 좌청룡이 뛰어나다. 특히 배산과 좌청룡이 좋아 공직자, 학생에게 유리한 좋은 형국이다.

경상남도 통영시 용남면 동달리

경상남도 통영시 용남면 동달리 1436번지 통영이지비아 아파트와
주택 단지는 단지를 중심으로 좌청룡 우백호가 좋은 형국이다. 서남향,
동남향 모두에게 좋은 형국이지만 동남향이 더 유리하다.

경상남도 창원시 성산구 남양동

경상남도 창원시 성산구 남양동 17번지 창원우성 아파트 단지는 단
지를 중심으로 다른 동들이 좌청룡, 낮은 산이 우백호가 되어 좋으며,
사업가, 경제적 자유를 꿈꾸는 분들께 유리한 형국이다.

경상남도 창원시 성산구 신월동

경상남도 창원시 성산구 신월동 93번지 은아 아파트 단지는 단지를 중심으로 다른 동들이 좌청룡, 우백호가 되어 좋으며, 아파트도 이렇게 ㄷ자 형태가 되면 서로가 서로를 지키는 형국이 되어 좋다.

경상남도 하동군 금성면 가덕리

경상남도 하동군 금성면 가덕리 산164-1번지 용맥은 강력한 좌청룡과 우백호가 좋아 큰 지도자, 공직자, 사업가 모두에게 좋은 형국이다. 천리마가 주인을 기다리는 듯 좋은 자리다.

경상남도 함안군 대산면 장암리

경상남도 함안군 대산면 장암리 178번지 용맥은 강력한 좌청룡과 우백호가 좋아 지도자, 공직자, 사업가, 경제적 자유를 꿈꾸는 모든 분들께 좋은 형국이다. 용맥 아래 풍수설계한 마을이 생기면 명당 마을이 된다.

경상남도 합천군 대양면 무곡리

경상남도 합천군 대양면 무곡리 1080번지 용맥은 강력한 좌청룡과 우백호가 좋은 형국이다. 특히 용맥이 물을 먹으니 더 좋으며 좌청룡이 용맥을 사랑하듯 길게 좋은 기운을 보내니 지도자, 공직자, 학생에게 더 좋다.

경상북도

경상북도 경산시 사동

경상북도 경산시 사동 148번지 경산사동부영사랑으로 6차 아파트는 단지를 중심으로 동들이 ㅁ자 형태로 서로가 서로를 지키며 좌청룡, 우백호가 되었다. 산이 없는 곳에서 아파트를 구할 때 참고할 형국이며, 같은 조건일 때는 단지들이 이렇게 서로가 서로를 지켜주면 좋은 형국이 된다.

산이 멀거나 없는 곳에서 아파트를 구할 때 꼭 기억할 형국이다. 서두에서 말했듯이 산이 없거나 멀면 아파트 스스로가 배산하고 좌청룡 우백호가 되어 좋은 형국이 만들어진다. 좋은 집의 특징으로는 ㅡ자, ㄷ자, ㅁ자 형국이 있으며, 이런 형국은 ㅁ자 형국에 들어가니 단단하고 좋다. 참고로 맨 앞동들은 양쪽 동들의 호위까지 받고 앞마당까지 넓어 지도자에게 아주 좋은 형국이다.

경상북도 경산시 와촌면 계전리

경상북도 경산시 와촌면 계전리 459번지 용맥의 기운이 좋은 주택단지는 용맥을 밀어주는 좌청룡이 좋아 지도자, 공직자, 학생에게 특히 좋은 형국이다. 빨간 동그라미 안은 좌청룡 우백호를 잘 갖췄다.

경상북도 경주시 구정동

경상북도 경주시 구정동 291-4번지 용맥은 강력한 좌청룡과 힘찬 우백호가 좋은 형국이다. 특히 우백호가 용맥을 사랑하듯 길게 감으며 좋은 기운을 보내니 사업가에게 더 좋으며, 동남향으로 좌향을 놓는 게 유리하다.

경상북도 경주시 내남면 화곡리

경상북도 경주시 내남면 화곡리 974번지 용맥은 힘찬 좌청룡과 용맥의 우백호가 명당의 형국을 만들어 큰 사업가, 큰 지도자, 공직자에게 좋으며, 우백호가 온몸을 구부리며 용맥에 힘을 실어주니 부자로 발복할 자리다.

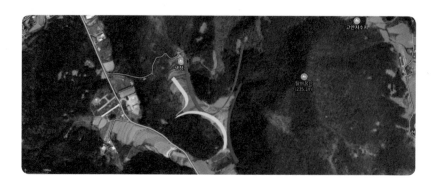

경상북도 경주시 양남면 상계리

경상북도 경주시 양남면 상계리 343-8번지 용맥은 용맥의 기운을 담은 좌청룡과 힘찬 우백호가 좋은 형국이며, 용맥 아래는 비어 있으니 덕을 많이 쌓으신 분이 풍수설계에 의한 집을 지어 들어간다면 발복할 것이다.

경상북도 경주시 현곡면 소현리

경상북도 경주시 현곡면 소현리 38-4번지 용맥은 좌청룡과 우백호가 좋은 형국을 이뤘다. 주택지로 아주 안정적인 형국이며, 이런 형국에서는 용맥이 남남서로 흐르니 남남서향 집이 발복을 하는 데 더 유리하다.

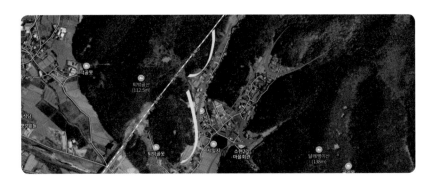

경상북도 고령군 다산면 나정리

경상북도 고령군 다산면 나정리 1239번지 용맥이며 좌청룡과 우백호가 좋은 형국이 되어 지도자, 공직자, 사업가에게 좋고, 주택지로 아주 안정적인 형국이며, 용맥 아래는 비어 있어 용맥이 주인을 기다리는 듯 좋다.

경상북도 고령군 대가야읍 연조리

　경상북도 고령군 대가야읍 연조리 274번지 용맥을 중심으로 좌청룡과 우백호가 좋아 공직자, 사업가 모두에게 좋으며, 이러한 형국에서는 용맥의 기운을 잘 받는 동남향 집이 더 유리한 형국이다.

경상북도 고령군 쌍림면 송림리

　경상북도 고령군 쌍림면 송림리 99번지 용맥의 매림서원은 좌청룡과 우백호가 좋아 큰 지도자, 공직자, 큰 사업가가 나올 형국이며, 용맥의 기운을 받는 좋은 자리에 서원이 있어 많은 인재들이 나왔을 명당형국이다.

경상북도 구미시 도량동

경상북도 구미시 도량동 248번지는 용맥의 기운을 담은 마을로서 좋은 배산에 좌청룡과 우백호의 힘이 좋아 이미 많은 인재가 나왔을 것이며, 공직자, 사업가에게 아주 좋은 명당 형국이다.

경상북도 구미시 산동읍 신당리

경상북도 구미시 산동읍 신당리 1790번지 쌍용예가더파크 아파트와 전원주택 단지는 좋은 배산에 다른 아파트 단지가 좌청룡이 되었다. 또한 우백호의 힘이 좋아 사업가에게 더 유리한 형국이다.

경상북도 김천시 삼락동

경상북도 김천시 삼락동 1026-1번지 두 용맥이며, 용맥을 닮은 좌 청룡과 우백호가 최고다. 용맥 아래는 비어 있는 게 천리마가 주인을 기다리는 듯 좋으며, 2개의 용맥 중 우측 용맥 아래 인재교육원을 짓는 다면 많은 인재가 나올 것이다.

용맥에 전원주택, 세컨하우스를 지을 때 가장 조심할 사항으로는 용 맥을 최대한 부수지 말고 용맥 바로 앞에 용맥의 형국대로 짓는 게 좋 다. 위의 2개의 용맥 중 우측 용맥은 남향으로 좌향을 잡으면 좋고, 좌 측 용맥은 동남향으로 좌향을 잡는 게 좋다. 특히나 위의 용맥처럼 명 당의 형국은 살아 있는 용과 같으니 예를 다해 제를 올려주고 공사를 하는 게 좋다. 그렇지 않고 용맥을 함부로 잘랐다가 심장마비로 목숨을 잃거나 부도가 나는 업자들을 많이 봤으니 꼭 참고해야 한다.

경상북도 구미시 해평면 낙산리

경상북도 구미시 해평면 낙산리 191-2번지 용맥은 용맥을 중심으로 좌청룡 우백호 안산까지 잘 갖춘 명당 터다. 풍수지리학에서 중요한 사신사와 외청룡 외백호까지 모두 갖춘 최고의 명당이다.

사신사(四神砂)란 동서남북을 지키는 신성한 기운을 말하며, 이를 다시 설명하면, 동쪽은 좌청룡(左青龍)으로 청색 용, 서쪽은 우백호(右白虎)로 흰 호랑이, 북쪽은 현무(玄武)로 검정 거북, 남쪽은 주작(朱雀)으로 붉은 새, 이들을 일컬어 '사신사'라고 한다. 위의 용맥은 용이 물을 먹는 듯 모든 조건을 잘 갖춘 명당 형국이니 풍수지리를 공부하는 분들께도 공부가 되는 좋은 명당 형국이다.

경상북도 문경시 산북면 회룡리

경상북도 문경시 산북면 회룡리 793번지 용맥은 용맥을 중심으로 힘찬 좌청룡과 우백호가 좋은 형국이며, 용맥과 우백호가 뛰어나게 돋보이니 지도자, 사업가에게 아주 좋은 형국이다.

경상북도 문경시 호계면 막곡리

경상북도 문경시 호계면 막곡리 산2번지 용맥은 용맥을 중심으로 힘찬 좌청룡과 우백호가 좋은 형국을 이뤘다. 이렇게 좋은 용맥 아래에서 발복을 못하고 있다면 좌향이나 풍수배치에 문제가 있을 수 있다.

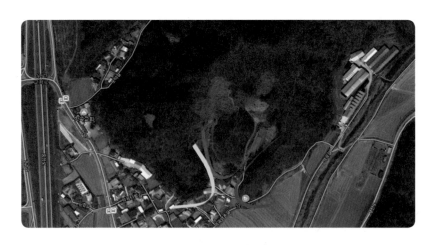

경상북도 봉화군 봉화읍 삼계리

경상북도 봉화군 봉화읍 삼계리 산9-5번지 용맥은 용맥을 중심으로 힘찬 좌청룡과 우백호로 형국이 좋아 공직자, 지도자, 사업가가 많이 나올 형국이며, 집안을 일으킬 인재가 나올 명당이다.

경상북도 성주군 초전면 문덕리

경상북도 성주군 초전면 문덕리 512번지 용맥은 용맥을 중심으로 힘찬 좌청룡과 우백호가 좋다. 특히 용맥의 기운을 담은 우백호들과 안산이 용맥에 엄청난 힘을 주고 있어 큰 지도자, 큰 사업가가 나올 좋은 자리다.

경상북도 안동시 옥동

경상북도 안동시 옥동 920-1번지 옥동휴먼시아 8차 아파트는 단지를 중심으로 힘찬 좌청룡과 우백호가 좋은데, 그중 우백호가 더 좋아 사업가에게 더 좋다. 전원주택 단지도 우백호의 기운을 잘 받고 있기에 사업가에게 좋다.

경상북도 안동시 용상동

경상북도 안동시 용상동 600번지 현대용상 2차 아파트는 단지를 중심으로 힘찬 좌청룡과 우백호가 좋은 형국을 이뤘다. 배산과 좌청룡이 좋아 공직자, 학생에게 좋은 형국이다.

경상북도 영덕군 병곡면 원황리

경상북도 영덕군 병곡면 원황리 880-1번지 용맥은 용맥을 중심으로 힘찬 우백호가 좋은 형국을 이뤘다. 용맥 아래에는 마을이 이뤄져 있는데 용맥이 힘차고 우백호가 힘이 좋아 만석꾼 같은 큰 부자가 나왔을 것이다.

경상북도 영주시 단산면 사천리

경상북도 영주시 단산면 사천리 196-1번지 용맥은 용맥을 중심으로 힘찬 좌청룡 우백호가 좋은 형국을 이뤘다. 용맥이 뛰어나고 좌청룡과 우백호가 용맥에 기운을 주니 인재가 나올 좋은 자리다.

경상북도 영주시 이산면 지동리

경상북도 영주시 이산면 지동리 1222번지 용맥은 용맥을 중심으로 힘찬 좌청룡 우백호가 좋으며, 용맥 끝은 비어 있으니 용맥이 주인을 기다리는 듯 좋다. 특히 좌청룡이 온몸으로 용맥에 기운을 주어 명당 형국이 되었다.

위의 용맥처럼 좌청룡이 온몸을 구부리듯 용맥에 기운을 보내면 큰 지도자, 공직자가 되는 데 유리하다. 만약 우백호가 온몸을 구부려 용맥에 기운을 주면 부자와 만석꾼이 나오며, 현장의 용맥에서 배산이나 좌청룡, 우백호가 보일 때 예쁜 봉우리까지 보인다면 더 길상으로 본다.

경상북도 영천시 금호읍 원제리

경상북도 영천시 금호읍 원제리 111-5번지 용맥은 2개의 용맥을 중심으로 힘찬 우백호가 아주 좋은 형국이다. 용맥이 뛰어나 인재가 나올 좋은 자리이며, 인재교육원으로 좋은 명당 형국이다.

2개의 용맥 중 위의 용맥은 이미 전통문화수련원이 자리했고, 우측 용맥 아래는 비어 있으니 이런 자리에 인재교육원이 생기면 나라에 보탬이 될 인재가 나오기에 좋은 명당 형국이다. 특히 이렇게 용맥이 물을 바라보고 있으면 용이 물을 먹는 형국이라 길격이며, 안산까지 있으니 최고의 명당 형국이다.

경상북도 영천시 북안면 도유리

경상북도 영천시 북안면 도유리 413번지 용맥은 용맥을 중심으로 힘찬 좌청룡 우백호가 아주 좋은 형국을 이뤘다. 용맥이 뛰어나고 특히 우백호가 용맥을 바라보며 사랑을 주니 사업가에게 더 좋은 자리다.

경상북도 영천시 야사동

경상북도 영천시 야사동 350-1번지 영천청구타운 1, 2차 아파트 단지는 배산과 우백호의 기운을 잘 받아 지도자, 사업가에게 좋은 형국이다. 우백호가 둥글고 예뻐서 최고며, 우백호 아래의 나라빌도 좋다.

경상북도 영천시 오미동

경상북도 영천시 오미동 368-45번지 전원주택 단지는 좌청룡 우백호의 기운을 잘 받고 의머리못의 물까지 바라보니 더 좋은 형국이다. 이런 형국에서 좌향을 놓을 때 땅의 모양대로 남남서향으로 놓으면 좋다.

경상북도 영천시 신녕면 화남리

경상북도 영천시 신녕면 화남리 42-1번지 용맥은 용맥을 중심으로 좌청룡 우백호가 용맥을 감싸주며 좋은 형국을 이뤘다. 용맥이 도로와 가까우니 용맥 끝에 휴게소가 지어지면 운전자들이 좋은 기를 받을 수 있어 좋을 것이다.

경상북도 칠곡군 왜관읍 낙산리

경상북도 칠곡군 왜관읍 낙산리 68번지 공장 단지는 배산과 좌청룡 우백호의 형국이 좋다. 화면상 우측 2개 용맥 아래는 모두 용맥의 기운을 가지고 있으니 바로 아래의 공장들은 동남향이 아주 좋으며, 아래의 용맥은 정남향이 좋다. 아래의 용맥 밑은 아직 비어 있는 자리도 있으니 덕을 많이 쌓으신 분이 들어가시면 발복하겠다.

공장 풍수가 너무 중요한 이유로는 작은 공장들이 잘되어야 큰 공장들이 잘되고 나라도 발전하기 때문이다. 특히나 많은 가족들의 생계가 달린 공장 풍수의 중요성은 아무리 강조해도 지나침이 없이 중요하다.

경상북도 예천군 용궁면 덕계리

경상북도 예천군 용궁면 덕계리 330번지 용맥은 용맥을 중심으로 좌청룡 우백호가 아주 예쁘게 용맥을 감싸줘서 좋은 형국이며, 용맥과 형국이 너무 예쁘고 좋아 이곳에 살면 절로 천상의 선인들이 될 정도다.

경상북도 울릉군 서면 남양리

경상북도 울릉군 서면 남양리 656-1번지 용맥은 용맥을 중심으로 힘찬 좌청룡, 우백호가 좋은 형국이며, 용맥이 뛰어나 인재가 나오는 힘이 넘치고 좋은 자리니 관청이나 인재교육원이 들어오면 특히 좋을 것이다.

경상북도 울릉군 울릉읍 저동리

경상북도 울릉군 울릉읍 저동리 53-19번지 용맥은 용맥을 중심으로 좌청룡과 우백호가 아주 좋은 형국이며, 특히 용맥이 물을 먹으며 우백호가 기운을 잘 주니 사업가에게 더 좋은 자리다.

경상북도 의성군 양평면 도옥리

경상북도 의성군 안평면 도옥리 산15번지 용맥은 2개의 용맥을 중심으로 좌청룡과 우백호가 뛰어나게 좋은 형국이며, 지도자, 공직자, 사업가에게 아주 좋은 자리다. 인재교육원으로 좋은 명당 형국이다.

경상북도 포항시 남구 연일읍 유강리

경상북도 포항시 남구 연일읍 유강리 594번지 대림한숲타운 1, 2단지 아파트는 단지를 중심으로 좋은 배산에 좌청룡과 우백호가 아주 좋은 형국을 이뤘다. 유강중학교도 좌청룡 우백호를 갖춘 좋은 형국이며, 이 단지에 사는 분들은 학교까지 보내면 자식이 발전할 것이다.

포항유강코아루 단지와 대림한숲타운 3단지는 좋은 배산에 우백호를 잘 얻어 사업가에게 좋은 형국이다. 다시 중간 동그라미 아래 주택단지는 용맥의 기운을 잘 받으니 남향으로 좌향을 놓으면 좋고, 용맥이니 지도자에게 아주 좋다. 특히 여기 형국이 좋은 것은 노적봉이 배산하고 형산강이 임수가 되어 남향에 배산임수를 완벽히 갖췄기 때문에 사람 살아가는 데 아주 좋은 형국이 된 것이다.

경상북도 포항시 남구 장기면 마현리

경상북도 포항시 남구 장기면 마현리 699번지 용맥은 용맥을 중심으로 좌청룡과 우백호가 아주 좋은 형국이며, 두 용맥을 중심으로 좌청룡 우백호가 잘 지켜주니 최고다. 용맥 아래 마을이 형성되면 명당 마을이 될 것이다.

경상북도 포항시 북구 용흥동

경상북도 포항시 북구 용흥동 66-1번지 포항우방타운 114동과 용흥현대타워 201동, 202동, 204동 남향 아파트는 용맥을 중심으로 용맥과 좌청룡이 뛰어나 지도자, 공직자에게 아주 좋은 형국이다.

광주광역시

광주광역시 동구 소태동

광주광역시 동구 소태동 501번지 모아미래도 아파트는 주변 산이 배산하고 좌청룡이 되어 좋은 형국이다. 배산과 좌청룡의 힘이 좋아 지도자, 공직자, 학생에게 좋은 형국인데, 좌청룡 쪽에 도로가 난 부분은 아쉽다.

광주광역시 동구 용산동

광주광역시 동구 용산동 662번지 광주용산지구 리슈빌과 주변 아파트는 주변 산이 배산임수 좌청룡 우백호를 해줘서 좋은 형국이 되었다. 배산과 좌청룡 우백호가 좋아 공직자, 사업가 모두에게 좋은 형국이다.

광주광역시 동구 운림동

광주광역시 동구 운림동 597번지와 주변 아파트는 주변 산이 배산임수 좌청룡 우백호를 해주어 좋은 형국이 되었다. 용맥의 기운을 담은 배산과 좌청룡 우백호가 좋아 공직자, 사업가 모두에게 좋은 형국이다.

광주광역시 북구 두암동

광주광역시 북구 두암동 117번지 현대두암아파트는 배산과 좌청룡이 좋은 형국이 되었다. 배산과 좌청룡이 뛰어나 공직자에게 좋은 형국이며, 다른 단지가 수직으로 우백호가 되어 더 안정된 형국이 되었다.

광주광역시 북구 운암동

광주광역시 북구 운암동 1011번지와 주변 아파트는 배산과 우백호가 좋아 지도자, 사업가에게 좋은 형국이 되었다. 참고로 위의 단지는 공직자에게 좋고 아래 단지는 사업가에게 좋은데, 주택지도 똑같이 적용된다.

대구광역시

대구광역시 군위군 군위읍 동부리

대구광역시 군위군 군위읍 동부리 255번지 용맥이며, 용맥을 중심으로 좌청룡과 우백호가 아주 좋은 형국을 이뤘다. 아주 좋은 형국이며 가운데 있는 중심이 오른쪽에는 우백호, 왼쪽에는 좌청룡이 되어 양쪽 용맥에 기운을 주고 있다. 전원주택지로 아주 좋은 형국인데, 아직 천리마가 주인을 못 만난 듯 아래는 비어 있다. 이런 자리에 풍수설계에 다른 마을이 생기면 좋은 인재가 많이 나올 좋은 형국이다.

화면상 우측에 마을이 있는데 예쁜 용맥이 마을에 좋은 기운을 가득 주고 있으니 아주 좋은 형국이며, 좌향과 풍수배치가 잘된 집은 충분히 집안을 일으킬 인재가 나올 것이다.

대구광역시 달서구 장동

대구광역시 달서구 장동 312번지 주변은 배산의 기운을 잘 받고 좌청룡 우백호가 좋아 공직자, 사업가 모두에게 좋은 자리다. 남향집과 공장 모두에게 좋은 자리며, 우백호 아래 주차장 자리도 용맥을 받으니 좋다.

대구광역시 달성군 유가읍 봉리

대구광역시 달성군 유가읍 봉리 625번지 테크노폴리스제일풍경채 센트럴 아파트는 단지 스스로 V자 형태로 좌청룡 우백호가 되어 좋은 형국이 되었다. 비슬산이 배산을 하니 좋고, 맨 앞 동은 지도자에게 특히 좋다.

대구광역시 북구 조야동

대구광역시 북구 조야동 127-1번지 주택 단지는 용맥의 배산과 좌청룡 우백호가 좋은 형국을 이뤘다. 배산과 좌청룡 우백호가 힘이 좋아 좌향과 풍수배치가 좋으면 발복할 동네다.

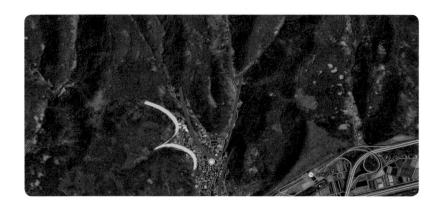

대구광역시 수성구 지산동

대구광역시 수성구 지산동 761번지 녹원 아파트 단지는 용맥을 닮은 배산과 좌청룡, 안산이 좋은 형국을 이뤄 공직자 학생에게 아주 좋은 형국이다. 능인고등학교도 배산과 좌청룡이 좋으니 학생들에게 좋은 형국이다.

대전광역시

대전광역시 대덕구 송촌동

대전광역시 대덕구 송촌동 462번지 선비마을 4, 5단지 아파트는 단지를 중심으로 단지 뒤의 산이 배산이 되고, 선비마을 3단지가 우백호가 되어 좋은 형국이 되었다. 다시 선비마을 3단지 동남향 입장에서 보면 선비마을 4, 5단지가 좌청룡이 되니 공직자에게 유리하고, 선비마을 4, 5단지 서남향은 선비마을 3단지가 우백호가 되니 사업가에게 유리하다. 그러므로 직업에 따라 단지에 입주하는 것도 좋다.

대전광역시 대덕구 오정동

대전광역시 대덕구 오정동 55-5번지 아파트 단지는 단지를 중심으로 낮은 산이 배산이 되고, 좌청룡 우백호가 되어 형국을 보면 우백호가 더 좋아 사업가에게 유리하며, 공직자는 좌청룡 가까운 동에 들어가면 유리하다.

대전광역시 동구 용운동

대전광역시 동구 용운동 703번지 한화꿈에그린 아파트 단지는 단지를 중심으로 배산 좌청룡 우백호가 좋아 공직자, 지도자, 학생에게 좋은 형국이다. 남서향 기준으로 좌청룡 기운을 잘 받으니 공직자, 학생에게 좋다.

대전광역시 유성구 도룡동

대전광역시 유성구 도룡동 383-2번지 아파트와 전원주택지는 배산임수, 좌청룡 우백호가 뛰어난 좋은 형국이다. 좌청룡과 우백호가 전체 형국을 안아주듯 하니 안정되고 좋은 형국이다.

대전광역시 서구 정림동

대전광역시 서구 정림동 50번지 전원주택지는 배산임수 좌청룡 우백호가 힘차게 전체 형국을 안아주듯 하니 안정되고 좋아 지도자, 공직자, 사업가, 학생 모두에게 좋은 형국이다.

대전광역시 유성구 하기동

　대전광역시 유성구 하기동 362번지 노은브리젠힐스 아파트는 배산임수, 좌청룡 우백호가 전체 형국을 안아주듯 하니 안정되고 좋은 형국이다. 도심에서 전원주택 같은 아파트에 살고 싶은 분들께 좋은 단지다.

부산광역시

부산광역시 기장군 기장읍 교리

부산광역시 기장군 기장읍 교리 170번지 주변은 좋은 배산 및 예쁜 좌청룡에 힘찬 우백호가 좋은 형국이 되었다. 용맥을 닮은 우백호가 아주 좋으며 동남향 아파트와 주택들은 사업가에게 유리한 형국이다. 참고로 이러한 형국은 기운이 동남을 향하니 동남향 집이 유리하다.

위의 네이버 지도를 보면 화면상 좌측 용맥의 기운을 담은 배산과 좌청룡, 우백호가 보이는데, 특히 빨간 동그라미 안은 명가가 될 수 있는 아주 좋은 형국이다.

부산광역시 기장군 기장읍 시랑리

부산광역시 기장군 기장읍 시랑리 682-4번지 주택 단지는 편안한 배산과 좌청룡과 우백호를 잘 갖췄다. 배산이 편안하고 좌청룡 우백호가 좋아 지도자, 공직자, 학생, 사업가에게 모두 유리한 형국이다.

부산광역시 기장군 철마면 고촌리

부산광역시 기장군 철마면 고촌리 668번지 부산고촌휴먼시아 아파트는 좋은 배산에 용맥의 기운을 담은 좌청룡 우백호가 좋은 형국이 되었다. 도심에 지친 분들께 아주 좋으며, 전원주택에 사는 듯 좋은 형국이다.

부산광역시 북구 만덕동

부산광역시 북구 만덕동 658번지 만덕동일 아파트는 강력한 용맥과 힘찬 좌청룡 우백호를 잘 갖춰 지도자, 공직자, 사업가 모두에게 좋다. 단지 뒤의 용맥이 강히게 느껴지니 낮은 층보다 5층 이상의 높은 층이 유리하다.

부산광역시 사하구 신평동

부산광역시 사하구 신평동 669번지 아파트와 주택 단지는 동매산이 배산과 좌청룡, 우백호가 되어 형국이 좋다. 배산이 좋고 우백호가 좋아 지도자, 사업가에게 더 유리한 형국이다.

부산광역시 해운대구 반송동

부산광역시 해운대구 반송동 392-1번지 주변은 강력한 용맥의 기운을 담은 배산에 용맥이 좌청룡 우백호가 되어 지도자, 공직자, 사업가, 학생에게 아주 좋으며, 집안을 일으킬 인재가 나올 좋은 형국이다.

부산광역시 해운대구 우동

부산광역시 해운대구 우동 1104-1번지 삼호가든 아파트는 강력한 배산과 용맥의 좌청룡과 우백호를 잘 갖췄다. 배산이 좋고 좌청룡 우백호가 좋아 지도자, 공직자, 학생, 사업가에게 모두 유리한 형국이다.

세종특별자치시

세종특별자치시 고운동

세종특별자치시 고운동 1703번지 4단지 이지더원 아파트는 단지를 중심으로 용맥이 배산하고 좌청룡 우백호가 좋은 형국이다. 용맥의 기운은 406동이 가장 잘 받고 있으며, 좌청룡은 멀고 가까운 우백호가 예쁘게 기운을 주니 사업가에게 특히 좋다.

세종특별자치시 고운동

세종특별자치시 고운동 2111번지 동양파라곤 아파트는 단지를 중심으로 배산임수 좌청룡 우백호가 뛰어나 공직자, 사업가, 학생 모두에게 좋다. 형국을 보면 우백호가 단지에 더 사랑을 주니 사업가에게 더 좋다.

세종특별자치시 도담동

세종특별자치시 도담동 638번지 모아미래도 아파트는 배산임수, 좌청룡 우백호가 뛰어나 지도자, 공직자, 학생에게 좋은 형국이다. 배산과 좌청룡이 좋아 공직자 사택으로도 최고며, 꼭 눈여겨볼 좋은 형국이다.

세종특별자치시 소정면 소정리

세종특별자치시 소정면 소정리 508-1번지 용맥은 용맥이 뛰어나고 좌청룡 우백호가 뛰어나 지도자, 공직자, 학생에게 좋은 형국이다. 용맥 옆에는 마을이 있는데, 만약 용맥 아래에 있었다면 명당마을이 되었을 것이다.

세종특별자치시 아름동

세종특별자치시 아름동 1284번지 아파트는 용맥이 뛰어나고 좌청룡 우백호가 뛰어나 지도자, 공직자, 학생에게 좋은 형국이다. 용맥은 708동, 709동 남향이 잘 받는다. 여기에 살면 용맥 산책까지 하니 최고일 것이다.

세종특별자치시 연서면 고복리

세종특별자치시 연서면 고복리 475번지 용맥은 용맥이 뛰어나고 좌청룡 우백호가 뛰어나 지도자, 공직자, 학생에게 좋은 형국이다. 용맥이 고복저수지를 바라보니 물을 먹는 형국이라 더 길하고 좋다.

세종특별자치시 장군면 금암리

세종특별자치시 장군면 금암리 378-28번지 주택 단지는 단지를 중심으로 좌청룡이 뛰어나 지도자, 공직자, 학생에게 좋은 형국이다. 이런 형국의 경우 동남향은 좌청룡을 얻고, 서남향은 우백호를 얻으니 참고하면 좋다.

세종특별자치시 집현동

세종특별자치시 집현동 418-3번지 새나루마을 2단지는 단지를 중심으로 배산과 좌청룡, 우백호가 좋아 지도자, 공직자, 사업가 모두에게 좋은 형국이다. 동남향 서남향 모두에게 안정된 형국이다.

세종특별자치시 집현동

세종특별자치시 집현동 785-423번지 세종자이e편한세상 아파트는 배산과 우백호가 좋아 사업가, 재물운을 높일 분들께 좋은 형국이다. 이러한 형국의 경우 재물인 우백호가 가까우니 공직자는 뇌물을 조심해야 된다.

울산광역시

울산광역시 남구 선암동

울산광역시 남구 선암동 산242-26번지 신선산휴먼빌 아파트와 주택들은 함월산이 배산과 좌청룡이 되고, 강력한 용맥이 우백호를 잘 만들었다. 배산과 좌청룡 우백호가 좋아 지도자, 공직자, 학생, 사업가에게 모두 유리한 형국이다. 우백호 아래는 용맥이 힘이 좋아 시청이나 관공서가 들어가면 아주 좋은 자리다.

우백호 아래는 용맥이 힘이 좋아 시청이나 관공서가 들어가면 아주 좋은 자리인데, 도로가 나면서 이리 좋은 용맥을 사용할 수 없는 부분은 참으로 아깝다. 앞으로 도로를 내는 관련자분들은 풍수지리의 중요성을 꼭 알고 용맥을 훼손하지 않았으면 하며, 필자도 만약 국토교통부에서 도로와 관련된 풍수지리의 중요성에 대해 강의를 요청하시면 기꺼이 해드릴 계획이다.

울산광역시 북구 염포동

울산광역시 북구 염포동 525-27번지 주택 단지는 무룡산이 배산과 좌청룡 우백호가 되어 최고며, 무룡산의 강력한 기운을 받고 있어 지도자, 재력가 등 인재가 나올 좋은 자리다. 우백호 용맥 아래도 아주 좋다.

울산광역시 울주군 두서면 활천리

울산광역시 울주군 두서면 활천리 429-2번지 용맥은 용맥을 중심으로 좌청룡 우백호가 뛰어나다. 용맥 앞 재궁곡지는 용이 물을 먹는 것처럼 좋은 형국이며, 용맥 앞은 비어 있으니 복을 많이 지은 분이 들어가시면 좋겠다.

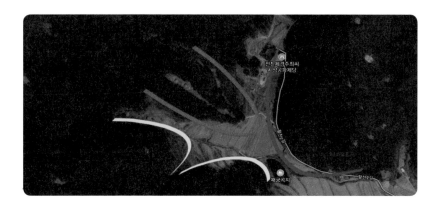

울산광역시 울주군 청량읍 개곡리

울산광역시 울주군 청량읍 개곡리 342-1번지 용맥은 용맥을 중심으로 좌청룡 우백호가 뛰어나다. 용맥 아래는 천리마가 주인을 기다리는 듯 비어 있으니 인연 닿는 분들이 들어가셔서 발복하시길 바란다.

울산광역시 울주군 청량읍 덕하리

울산광역시 울주군 청량읍 덕하리 404-7번지 덕정유림 아파트는 단지를 중심으로 배산과 우백호가 뛰어나 사업가, 재물운을 높일 분들께 좋은 형국이다. 우백호 아래 주택 단지도 남향, 동남향이면 좋다.

울산광역시 중구 유곡동

울산광역시 중구 유곡동 271-2번지 에일린의뜰 3차 아파트는 함월산이 배산을 하고 좌청룡 우백호가 좋아 공직자, 학생, 사업가 모두에게 좋은 형국이다. 특히 우백호의 힘이 좋아 사업가에게 좀 더 유리하다.

울산광역시 중구 태화동

울산광역시 중구 태화동 산26번지 국제강변 아파트는 함월산이 배산을 하고 좌청룡 우백호가 뛰어나 공직자, 학생, 사업가 모두에게 좋은 단지다. 우백호 아래 동들도 용맥의 기운을 잘 받으니 지도자에게 좋다.

전라남도

전라남도 광양시 마동

　전라남도 광양시 마동 1031번지 아파트와 주택 단지는 가야산이 배산하고 좌청룡 우백호가 좋은 형국이 되었다. 주택지로 아주 좋으며, 배산과 좌청룡 우백호가 좋아 공직자, 사업가 모두에게 좋다. 이러한 형국의 경우 공직자, 학생들은 좌청룡과 가까운 남향이 좋고, 사업가, 재물운을 높일 분들은 우백호와 가까운 남향이 더 좋다.

　병원 풍수지리에서도 배산임수, 좌청룡 우백호는 매우 중요한데 GSH서울병원은 그러한 모든 조건을 두루 갖춰 환자 회복에도 도움이 되며, 주변에 사시는 분들은 응급상황이 생겨도 큰 병원이 가까이 있으니 좋다.

전라남도 광양시 마동

전라남도 광양시 마동 1311번지 광양동운디이스트 아파트 단지는 가야산이 배산하고 좌청룡 우백호가 좋은 형국이다. 꼭 살펴야 되는 점으로는 공직자, 학생은 좌청룡 안으로 들어가는 게 좋다는 것이다.

전라남도 광양시 진월면 송금리

전라남도 광양시 진월면 송금리 540-13번지는 남산이 배산임수, 좌청룡 우백호가 되어 좋은 형국이 되었다. 전원주택지로 아늑하고 좋은 형국이며, 배산과 좌청룡 우백호가 좋아 공직자, 사업가 모두에게 좋다.

전라남도 나주시 다도면 송학리

전라남도 나주시 다도면 송학리 산221-10번지 용맥은 용맥을 중심으로 배산임수, 좌청룡 우백호가 되어 공직자, 사업가 모두에게 좋다. 용맥 앞은 비어 있는 게 천리마가 주인을 기다리는 듯 좋다.

전라남도 담양군 용면 쌍태리

전라남도 담양군 용면 쌍태리 10-1번지 용맥은 용맥을 중심으로 배산임수 좌청룡 우백호가 뛰어나 지도자, 공직자, 사업가 모두에게 좋다. 물을 먹고 있는 용맥이 최고며, 인재교육원으로도 아주 좋은 자리다.

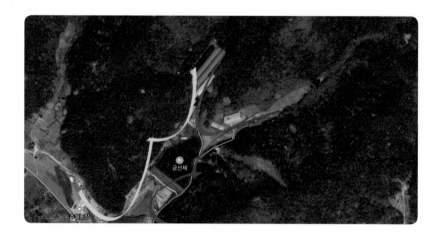

전라남도 목포시 석현동

전라남도 목포시 석현동 1181번지 목포서희스타힐스 아파트는 단지를 중심으로 배산임수, 좌청룡 우백호가 뛰어나 공직자, 사업가에게 좋은 형국이다. 특히 양옆의 좌청룡 우백호가 용맥처럼 기운을 주어 더 좋다.

전라남도 목포시 옥암동

전라남도 목포시 옥암동 1150번지 아파트 단지와 주택 단지는 단지를 중심으로 부주산이 배산임수, 좌청룡이 되어 좋은 형국이 되었다. 좌청룡이 팔로 감싸듯 길게 감아주니 지도자, 공직자 학생에게 좋은 자리다.

전라남도 순천시 연향동

전라남도 순천시 연향동 89-28번지 연향동코아루 아파트는 단지를 중심으로 주변의 산이 배산임수 좌청룡이 되어 좋은 형국이다. 좌청룡이 팔로 감싸듯 길게 감아주니 사업가보다는 지도자, 공직자 학생에게 좋은 자리다.

전라남도 순천시 조곡동

전라남도 순천시 조곡동 39-79번지 주택 단지 주변과 생목현대 아파트는 봉화산의 용맥이 배산하고 좌청룡 우백호가 뛰어나 사업가, 지도자, 공직자 학생에게 좋은 형국이다. 용맥 아래 주택 단지는 서남향이 좋다.

전라남도 순천시 해룡면 복성리

전라남도 순천시 해룡면 복성리 694번지 순천복성지구한신더휴 아파트는 단지를 중심으로 봉화산이 배산임수 좌청룡 우백호가 좋아 공직자 사업가 모두에게 좋은 자리이며, 성가롤로병원도 형국이 좋아 환자에게도 좋다.

전라남도 여수시 문수동

전라남도 여수시 문수동 450-1번지 여수부영 9차 아파트와 주택 단지는 단지를 중심으로 고락산이 배산하고 좌청룡 우백호가 좋아 공직자, 사업가 모두에게 좋은 자리다. 좌청룡 아래에도 용맥 기운이니 좋다.

전라남도 장성군 장평면 우산리

전라남도 장흥군 장평면 우산리 951번지 용맥은 강력한 용맥이 배산하고, 좌청룡 우백호가 뛰어나 지도자, 공직자, 사업가 모두에게 좋다. 인재가 나올 좋은 형국이니 인재교육원을 짓는다면 최고일 것이다.

전라남도 진도군 고군면 도평리

전라남도 진도군 고군면 도평리 66번지 용맥은 용맥이 배산임수 좌청룡 우백호가 뛰어나 좋은 형국이다. 모든 용맥이 고개를 숙이고 용맥에 기운을 주니 최고의 명당 형국이며, 이미 뛰어난 인재들이 많이 나왔을 것이다.

전라남도 화순군 도곡면 원화리

전라남도 화순군 도곡면 원화리 29-1번지 용맥은 용맥을 중심으로 배산임수, 좌청룡 우백호가 뛰어나 지도자, 공직자, 사업가 모두에게 좋다. 용맥이 뛰어나 인재가 나올 좋은 자리니 인재교육원을 짓는다면 최고일 것이다.

전라남도 화순군 동면 오동리

전라남도 화순군 동면 오동리 209-1번지 용맥은 용맥을 중심으로 배산임수 좌청룡 우백호가 뛰어나 관공서, 사찰, 인재교육원을 짓는다면 최고일 것이다. 특히 좌청룡이 이렇게 구불구불하면 아주 길하고 더 좋다.

전북특별자치도

전북특별자치도 군산시 개정동

전북특별자치도 군산시 개정동 211-8번지는 용맥의 기운을 담은 배산에 좌청룡 우백호가 뛰어나 좋은 형국이 되었다. 낮은 산이 배산하고, 좌청룡 우백호가 아늑하고 편안해서 전원주택지로 아주 좋다. 학교도 배산과 좌청룡이 좋아 공부하기 좋은 형국이다.

용맥 아래 주택을 지을 때는 최대한 자연을 이용해서 용맥의 기운을 더 잘 받았으면 한다. 자연의 집으로서 최대한 용맥을 훼손하지 않으며, 노란 황토를 이용하고, 편백나무를 이용해서 황토집을 짓는다면 더 최고일 것이다. 전체를 황토로 하기가 어려운 경우 잠을 자는 안방이라도 편백나무와 황토를 이용해서 꾸민다면 더 좋은 기운을 받을 수 있다.

전북특별자치도 군산시 개정동

전북특별자치도 군산시 개정동 산58-23은 용맥을 중심으로 좌청룡 우백호가 뛰어나 최고며, 공직자, 사업가에게 좋다. 용맥이 물을 바라보면 명당의 조건이 되어 사업가, 재물운을 올리고 싶은 분들께도 좋은 형국이다.

전북특별자치도 군산시 소룡동

전북특별자치도 군산시 소룡동 1386번지 아파트는 편안한 단지를 중심으로 배산에 좌청룡이 뛰어나 좋은 형국이 되었다. 배산이 좋고, 좌청룡이 좋아 사업가보다 지도자, 공직자, 학생에게 좋은 자리다.

전북특별자치도 군산시 옥산면 당북리

전북특별자치도 군산시 옥산면 당북리 산66번지 용맥은 용맥을 중심으로 좌청룡 우백호가 뛰어나 지도자, 공직자, 사업가에게 좋은 자리다. 좌청룡 아래도 아주 좋으며, 좌청룡과 우백호 중간 마을도 포근하고 좋다.

전북특별자치도 군산시 임피면 축산리

전북특별자치도 군산시 임피면 축산리 449번지 용맥은 용맥을 중심으로 좌청룡 우백호가 뛰어나 지도자, 공직자, 학생, 사업가에게 좋은 자리며, 용맥 아래는 비어 있는 게 용맥이 주인을 기다리는 듯 좋다.

전북특별자치도 남원시 주천면 송치리

전북특별자치도 남원시 주천면 송치리 1114번지 용맥은 용맥을 중심으로 좌청룡 우백호가 뛰어나 공직자, 사업가에게 좋다. 인재교육원으로 최고며, 여기에 풍수마을이 생기면 명당이 될 것이다.

전북특별자치도 무주군 무주읍 대차리

전북특별자치도 무주군 무주읍 대차리 966번지 용맥은 용맥을 중심으로 좌청룡 우백호가 뛰어나 좋은 형국이다. 용맥을 보면 서쪽에 내천이 있는데 서북쪽에 사철나무로 찬바람을 막을 비보*를 하면 더 좋은 형국이 된다.

---

* 비보(裨補)는 모자라는 것을 채우거나 나쁜 기운을 막는 것을 의미한다.

전북특별자치도 무주군 무주읍 대차리

전북특별자치도 무주군 무주읍 대차리 산40-1번지 용맥은 용맥을 중심으로 좌청룡 우백호가 뛰어나 지도자, 공직자, 사업가에게 좋다. 인재가 나올 형국이며, 관공서, 인재교육원으로 아주 좋은 자리다.

전북특별자치도 부안군 진서면 석포리

전북특별자치도 부안군 진서면 석포리 890-20번지 용맥은 용맥을 중심으로 좌청룡 우백호가 뛰어나 좋은 형국이 되었다. 용맥 아래는 비어 있으니 풍수설계에 의한 주택 단지가 들어서면 명당마을이 된다.

전북특별자치도 완주군 고산면 율곡리

전북특별자치도 완주군 고산면 율곡리 685-36번지 용맥은 두 용맥을 중심으로 좌청룡 우백호가 뛰어나 최고다. 용맥이 물을 바라보는 것은 아주 길한 형국이며 사찰, 인재교육원으로 아주 좋은 자리다.

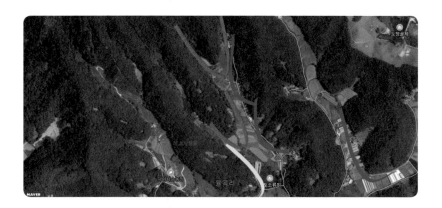

전북특별자치도 전주시 덕진구 덕진동1가

전북특별자치도 전주시 덕진구 덕진동1가 654-9번지 용맥은 용맥을 중심으로 좌청룡 우백호가 뛰어나 지도자, 사업가, 재물운이 좋은 형국이다. 빨간 동그라미도 좌청룡 우백호가 좋아 공직자, 사업가에게 좋다.

제주특별자치도

제주특별자치도 서귀포시 안덕면 사계리

제주특별자치도 서귀포시 안덕면 사계리 3132-1번지는 단산이 배산하고, 금산이 우백호가 되어 좋은 형국이 되었다. 특히나 바람 많은 제주는 배산이 아주 중요한데, 북풍과 서풍을 막아 좋은 형국이 되었다. 우백호가 좋아 사업가, 재물운을 높이려는 분들께 좋은 형국이다.

제주는 오름이 많고 산은 부족하니 오름을 이용한 풍수지리가 매우 중요하다. 특히나 오름은 화산이 폭발했던 곳이니 지기의 기운을 가득 담고 있어서 오름을 이용해 배산과 좌청룡 우백호를 잘 이용하면 바람 많은 제주에서 발전할 수 있으니 최고다.

제주특별자치도 제주시 구좌읍 김녕리

제주특별자치도 제주시 구좌읍 김녕리 2730번지는 궤살메가 예쁘게 오므려 좌청룡 우백호를 만들어 좋은 형국이다. 좌청룡 우백호에 안산까지 좋아 공직자, 사업가에게 좋은 형국이다.

제주특별자치도 서귀포시 표선면 성읍리

제주특별자치도 서귀포시 표선면 성읍리 2991번지는 비치미오름이 배산하고, 개오름이 좌청룡, 성불오름이 우백호가 되어 좋은 형국이다. 오름을 잘 적용한 풍수 형국이며, 지도자, 공직자, 사업가에게 좋은 형국이다.

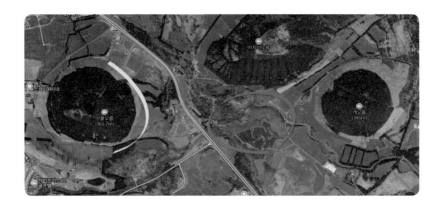

충청남도

충청남도 공주시 검상동

충청남도 공주시 검상동 725-3번지 검상농공단지는 단지를 중심으로 용맥의 기운을 담은 배산과 좌청룡 우백호가 좋은 형국이다. 용맥의 기운을 담은 배산과 좌청룡 우백호가 뛰어나 공장터로 아주 좋은 형국이며, 용맥 아래 공장은 용맥의 기운을 담은 우백호가 기운을 주니 발전했을 것이다. 공장 터를 구하시는 분들이 눈여겨볼 좋은 형국이다.

충청남도 공주시 신풍면 영정리

충청남도 공주시 신풍면 영정리 산90-18번지 용맥은 용맥을 중심으로 좌청룡은 강력한 힘이 있으며, 우백호는 온몸을 구부려 용맥에 기운을 보내니 최고 명당 형국이 완성되었다. 금계포란* 형국의 최고 명당자리다.

충청남도 공주시 신풍면 평소리

충청남도 공주시 신풍면 평소리 307-24번지 용맥은 용맥을 중심으로 좌청룡 우백호가 뛰어나 인재가 나올 최고 형국이다. 3형제 용맥이 최고며, 좌청룡 우백호까지 뛰어나 인재가 나올 명당 형국이다.

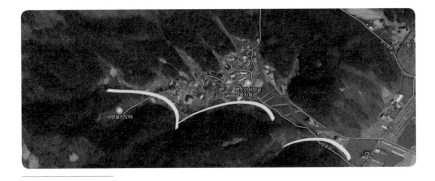

---

* 금빛 닭이 알을 품었다는 뜻으로 풍수지리에서 이러한 모습을 한 지형은 대가 끊이지 않고 자손이 번창하는 길지로 본다.

충청남도 공주시 쌍신동

　충청남도 공주시 쌍신동 산3-9번지 마을은 용맥의 기운을 닮은 배산을 중심으로 좌청룡 우백호가 뛰어난 최고 형국으로 마을에 인재가 나왔을 좋은 형국이다.

충청남도 공주시 우성면 오동리

　충청남도 공주시 우성면 오동리 224번지 용맥은 용맥을 중심으로 좌청룡 우백호가 뛰어난 좋은 형국이며, 우백호가 용맥을 사랑하듯 감싸주니 더 좋고, 전원주택지로 편안한 형국이니 부자 터에 해당된다.

충청남도 공주시 이인면 주봉리

충청남도 공주시 이인면 주봉리 산42-62번지 용맥은 용맥을 중심으로 좌청룡 우백호가 뛰어난 최고 형국이다. 금계포란형의 명당 형국이며 우백호가 팔로 안듯 감싸주니 부자 터에 해당된다.

충청남도 공주시 의당면 중흥리

충청남도 공주시 의당면 중흥리 520번지 용맥은 용맥을 중심으로 좌청룡 우백호가 뛰어난 좋은 형국이다. 돋보이는 점으로는 용맥과 좌청룡 사이도 주택지로 편안한 형국이며, 용맥 아래는 천리마가 주인을 기다리듯 좋다.

충청남도 공주시 탄천면 견동리

충청남도 공주시 탄천면 견동리 372번지 공주요양병원은 병원을 중심으로 배산임수, 좌청룡 우백호가 뛰어나 풍수지리 좋은 요양병원을 찾는 분들께 도움이 되는 좋은 형국이다. 이렇게 풍수 형국이 좋으면 환자의 건강 회복에도 도움이 된다.

충청남도 금산군 복수면 용진리

충청남도 금산군 복수면 용진리 178-2번지 용맥은 용맥을 중심으로 배산과 좌청룡 우백호가 뛰어나다. 우백호가 좋고, 도로가 바로 앞에 있으니 여기에 휴게소를 지으면 운전자들이 용맥의 기운을 잘 받는 최고의 휴식처가 된다.

충청남도 보령시 오천면 영보리

충청남도 보령시 오천면 영보리 302-11번지 전원주택지는 단지를 중심으로 배산임수, 좌청룡 우백호가 좋다. 이런 형국에서는 용맥의 기운을 잘 받도록 집의 좌향을 서남향으로 하면 충분히 발복할 것이다.

충청남도 부여군 양화면 벽용리

충청남도 부여군 양화면 벽용리 886번지 용맥은 두 용맥을 중심으로 좌청룡 우백호가 뛰어난 좋은 형국이다. 마치 천상의 세계처럼 고요함과 단아함이 느껴지는 좋은 터인데, 이런 형국에 살면 선인이 될 수 있을 정도로 좋다.

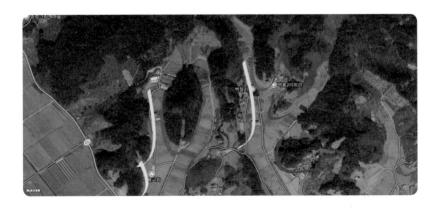

충청남도 부여군 임천면 두곡리

충청남도 부여군 임천면 두곡리 97번지 용맥은 용맥을 중심으로 좌청룡 우백호가 뛰어난 좋은 형국이다. 용맥이 물까지 바라보니 더 좋은 형국이며 풍수설계에 의한 주택이 들어서면 충분히 부자로 발복할 수 있는 자리다.

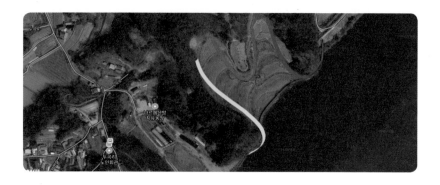

충청남도 서산시 읍내동

충청남도 서산시 읍내동 738-6번지 서산읍내롯데캐슬 아파트는 단지를 중심으로 배산과 우백호가 뛰어난 형국이다. 배산과 우백호가 좋아 사업가에게 유리하다.

충청남도 서천군 서천읍 신송리

충청남도 서천군 서천읍 신송리 산1-1번지 용맥은 용맥을 중심으로 강력한 좌청룡 우백호가 용맥에 힘을 주니 서남향으로 인재교육원을 짓는다면 나라에 보탬이 되는 인물이 나올 수 있는 최고의 자리다. 사찰로도 아주 좋은 자리다.

충청남도 아산시 법곡동

충청남도 아산시 법곡동 327번지 아파트 단지는 단지를 중심으로 좌청룡 우백호가 좋은 형국이다. 용맥의 기운을 닮은 산이 배산을 하고 좌청룡 우백호가 안정되어 전원주택에 사는 것처럼 좋은 형국이다.

충청남도 영동군 학산면 황산리

충청북도 영동군 학산면 황산리 243-1번지 용맥은 용맥을 중심으로 좌청룡 우백호가 뛰어난 좋은 형국이다. 용맥이 힘차고 좋으니 인재교육원이나 사찰로도 좋은 최고의 자리다.

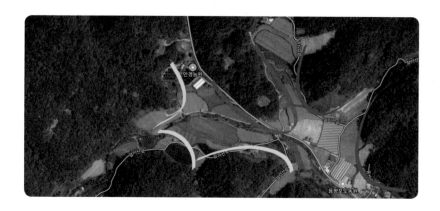

충청남도 예산군 신양면 귀곡리

충청남도 예산군 신양면 귀곡리 1088번지 용맥은 용맥을 중심으로 좌청룡 우백호가 뛰어나 지도자, 공직자, 사업가 모두에게 좋다. 용맥이 힘차고 좋으니 인재교육원이나 사찰로도 아주 좋은 자리다.

충청남도 예산군 신양면 대덕리

충청남도 예산군 신양면 대덕리 21번지 용맥은 용맥을 중심으로 좌청룡 우백호가 뛰어난 좋은 형국이다. 용맥이 힘차고 좋으니 인재교육원이나 사찰로도 최고의 자리다.

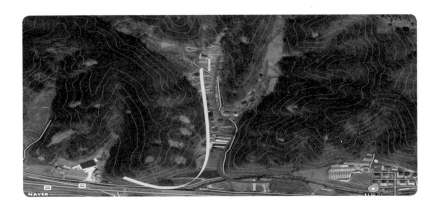

충청남도 천안시 동남구 목천읍 서흥리

충청남도 천안시 동남구 목천읍 서흥리 381-1번지 주택 단지는 단지를 중심으로 배산임수, 좌청룡 우백호가 좋고 형국에 용연 저수지까지 보이니 주택지로 아주 좋은 형국이며, 카페를 차려도 아주 좋은 형국이다.

충청남도 천안시 동남구 목천읍 신계리

충청남도 천안시 동남구 목천읍 신계리 422번지 천안목천동우 1차 아파트는 단지를 중심으로 배산임수, 좌청룡 우백호가 좋다. 단지도 좌청룡 우백호의 기운대로 동남향을 향하니 잘 지어졌으며, 전원주택에 사는 듯 좋다.

충청남도 천안시 동남구 풍세면 두남리

충청남도 천안시 동남구 풍세면 두남리 144-1번지 용맥은 예쁜 용맥을 중심으로 좌청룡 우백호가 뛰어나다. 우백호와 안산까지 뛰어나니 풍수설계에 따라 주택을 지으면 재물로 크게 발복할 수 있다.

충청북도

충청북도 옥천군 군북면 대정리

　충청북도 옥천군 군북면 대정리 576-7번지 용맥은 용맥을 중심으로 좌청룡 우백호가 뛰어난 좋은 형국이다. 용맥 끝에 삼거리 슈퍼가 있는데, 팔순에서 구순쯤 되어 보이는 건강한 어르신이 자리를 지키고 있는 것을 보면 용맥의 중요성이 더 강조된다. 슈퍼 뒤에는 경로당이 있는데, 이 경로당도 용맥의 기운을 받으므로 어르신들이 경로당에 많이 머물면 더 건강하게 오래 사실 것이다.

충청북도 옥천군 군서면 오동리

충청북도 옥천군 군서면 오동리 95-1번지 용맥은 용맥을 중심으로 좌청룡 우백호가 뛰어난 엄청난 용맥이다. 용맥이 강력하고 좋으니 인재교육원이나 사찰로도 좋은 최고의 자리다.

충청북도 음성군 원남면 보룡리

충청북도 음성군 원남면 보룡리 286번지 용맥은 용맥을 중심으로 좌청룡 우백호가 뛰어난 편안한 형국이다. 지도자, 공직자, 사업가 모두에게 좋으며, 용맥이 편안하고 좋으니 전원주택지로 좋다.

충청북도 청주시 서원구 산남동

충청북도 청주시 서원구 산남동 547번지 아파트와 주택 단지는 단지를 중심으로 배산과 재물인 우백호가 좋아 사업가에게 유리하다. 여기에 사는 공직자들은 우백호가 좋으니 재물 공부를 하는 것도 좋다.

충청북도 청주시 서원구 현도면 양지리

충청북도 청주시 서원구 현도면 양지리 69번지 용맥은 용맥을 중심으로 좌청룡 우백호가 좋은 형국이다. 배산에 재물인 우백호가 좋아 사업가에게 유리하며, 이렇게 우백호가 좋아야 천석군, 만석꾼 터가 된다.

충청북도 청주시 청원구 내수읍 묵방리

충청북도 청주시 청원구 내수읍 묵방리 663번지 용맥은 용맥을 중심으로 좌청룡 우백호가 좋은 형국이다. 사진처럼 용맥이 잘리면 기운이 못 들어오는 것으로 아는데, 시간이 지나면 용맥의 기운은 회복해서 다시 흐르게 된다.

충청북도 청주시 청원구 오창읍 백현리

충청북도 청주시 청원구 오창읍 백현리 75번지 용맥은 용맥을 중심으로 좌청룡 우백호가 좋은 형국이다. 주택 단지로도 아주 좋은 형국이며, 현재 용맥 바로 아래는 비어 있는데 복을 많이 지은 사람이 들어오길 기다리는 듯하다.

충청북도 청주시 흥덕구 오송읍 상정리

충청북도 청주시 흥덕구 오송읍 상정리 597-3번지는 용맥을 중심으로 좌청룡 우백호가 뛰어나 큰 지도자, 공직자, 큰 사업가에게 좋은 명당 형국이다. 이런 터는 나라에 보탬이 될 인재가 나올 명당 터에 들어간다.

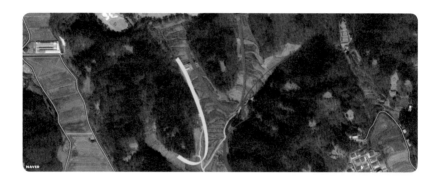

충청북도 충주시 주덕읍 화곡리

충청북도 충주시 주덕읍 화곡리 1580-24번지 전원주택지는 중간 2개의 용맥을 중심으로 좌청룡 우백호가 좋다. 이런 형국의 경우 용맥 앞에 서서남향으로 좌향을 놓아 집을 지으면 발복할 좋은 집이 된다.

PART

03

지역별 학교 풍수 소개

학교 풍수

학교 풍수는 우리의 미래이기도 한 자녀들이 공부를 하는 곳이니 그 중요성을 아무리 강조해도 지나침이 없다. 학교 풍수에서 제일 중요한 것은 배산이며, 다음으로 좌청룡, 우백호, 안산 순이다. 당연히 배산임수, 좌청룡 우백호에 안산까지 갖춘다면 최고지만, 그 모두를 갖춘 곳들이 많지 않은 현실이다.

학교 풍수에서 가장 나쁜 경우로는 학교 뒤가 뻥 뚫린 경우, 논인 경우, 저수지가 있는 경우들이니 학교를 지을 때 그런 자리는 꼭 피해주시면 좋겠으며, 특별한 경우가 아니면 학생들도 그러한 학교는 피하는 것이 미래를 위해 좋다. 아직도 많은 학부모들이 학군 좋은 학교를 찾는 경우가 많은 현실이지만, 학군 좋은 학교보다 풍수지리의 중요성을 알고, 풍수 좋은 학교에 보내시려는 학부모들께는 이 책의 내용이 아주 좋은 정보가 될 것이다.

그렇다고 자식의 미래를 위해 부모의 직업과 상관없이 집과 거리가 멀리 떨어진 풍수 좋은 학교만을 우선으로 하라는 것은 아니며, 가능하면 풍수 나쁜 학교는 피해서 풍수 좋은 학교에 보내라는 의미가 더 크다. 아직까지 풍수에 관심이 없거나 몰라서 못 보냈을 뿐 풍수에 관심만 가지면, 살고 있는 곳 주변에서도 얼마든지 풍수 나쁜 학교를 피하고 풍수 좋은 학교를 찾을 수가 있다. 참고로 풍수 형국이 좋은 학교인데 책에 기재되지 않은 학교는 다음 책에서 알려드릴 예정이며, 기재된 학교와 비교해서 보시면 풍수 형국이 좋은 학교를 알아보는 데 이해가 빠를 것이다. 자녀들이 풍수 좋은 학교에 다니며 크게 잘된다면 그것이 최고의 보람일 것이다. 올린 순서는 지역 우선이 아니라 가나다 순이다.

강원특별자치도

강원특별자치도 강릉시 교동 율곡초등학교

강원특별자치도 강릉시 교동 1851번지 율곡초등학교는 학교를 중심으로 좋은 배산과 좌청룡 우백호를 잘 갖춘 좋은 형국이다. 형국이 편안하고 좋으며, 우백호가 좋아 미래에 사업가를 꿈꾸는 학생에게 좋은 형국이다.

출처 : 네이버 지도(이하 동일)

강원특별자치도 강릉시 장현동 모산초등학교

강원특별자치도 강릉시 장현동 54-1번지 모산초등학교는 학교를 중심으로 좋은 배산과 좌청룡 우백호를 잘 갖춘 좋은 형국이다. 형국이 편안하고 좋아 공직자, 사업가를 꿈꾸는 학생들 모두에게 좋은 형국이다.

강원특별자치도 고성군 죽왕면 공현진리 공현진초등학교

강원특별자치도 고성군 죽왕면 공현진리 334번지 공현진초등학교는 학교를 중심으로 좋은 배산과 우백호를 잘 갖춘 좋은 형국이다. 배산과 우백호가 좋아 미래에 사업가를 꿈꾸는 학생들에게 좋은 형국이다.

강원특별자치도 속초시 노학동 소야초등학교

강원특별자치도 속초시 노학동 1-36번지 소야초등학교는 학교를 중심으로 좋은 배산과 우백호를 잘 갖춘 좋은 형국이다. 배산과 우백호가 힘차고 좋아 미래에 사업가, 경제 전문가를 꿈꾸는 학생들에게 좋은 형국이다.

강원특별자치도 원주시 단구동 구곡초등학교

강원특별자치도 원주시 단구동 982-1번지 구곡초등학교는 학교를 중심으로 좋은 배산과 좌청룡 우백호를 잘 갖춘 좋은 형국이며, 공직자, 사업가를 꿈꾸는 모든 학생에게 좋다.

강원특별자치도 태백시 동점동 동점초등학교

강원특별자치도 태백시 동점동 60-1번지 동점초등학교는 학교를 중심으로 강력한 배산과 좌청룡 우백호가 뛰어나 미래에 지도자, 공직자, 사업가, 경제 전문가를 꿈꾸는 학생 모두에게 좋은 형국이다.

강원특별자치도 태백시 문곡동 장성여자고등학교

강원특별자치도 태백시 문곡동 33-7번지 장성여자고등학교는 학교를 중심으로 강력한 배산과 좌청룡 우백호가 힘이 좋아 미래에 지도자, 공직자, 사업가, 경제 전문가를 꿈꾸는 학생 모두에게 좋은 형국이다.

경기도

경기도 고양시 덕양구 화전동 덕양중학교

경기도 고양시 덕양구 화전동 274-10번지 덕양중학교는 학교를 중심으로 망월산이 배산과 좌청룡이 되어 좋은 형국이 되었다. 배산과 좌청룡이 힘이 좋으니 미래에 지도자, 공직자의 꿈을 키워갈 학생들에게 좋은 형국이다.

경기도 고양시 일산동구 마두동 정발중학교

경기도 고양시 일산동구 마두동 811번지 정발중학교는 학교를 중심으로 정발산이 배산과 좌청룡 우백호가 좋아 미래에 지도자, 공직자, 사업가의 꿈을 키워갈 학생들에게 좋은 형국이다.

경기도 군포시 당동중학교

경기도 군포시 당동 982-2번지 당동중학교는 학교를 중심으로 범바위산이 배산과 우백호가 되어 좋은 형국이 되었다. 배산과 우백호가 좋으니 미래에 지도자, 사업가의 꿈을 키워갈 학생들에게 좋은 형국이다.

경기도 김포시 운양동 운양초등학교

경기도 김포시 운양동 273-3번지 운양초등학교는 학교를 중심으로 모담공원이 배산과 좌청룡 우백호가 되어 좋다. 특히 한강을 뒤로한 운양동은 북풍을 막아줄 배산이 더 중요하니 공부하는 학생들에게는 안전한 형국이다.

경기도 남양주시 호평동 호평초등학교

경기도 남양주시 호평동 378-1번지 호평초등학교는 학교를 중심으로 배산과 좌청룡이 뛰어나 좋은 형국이 되었다. 미래에 지도자, 공직자의 꿈을 키워갈 학생들에게 좋은 형국이다.

경기도 남양주시 화도읍 답내리 답내초등학교

경기도 남양주시 화도읍 답내리 270-2번지 답내초등학교는 학교를 중심으로 용맥의 기운을 담은 배산과 좌청룡 우백호가 되어 좋은 형국이며, 미래에 지도자, 공직자, 사업가의 꿈을 키워갈 학생들에게 좋은 명당 형국이다.

경기도 남양주시 화도읍 마석우리 화도초등학교

경기도 남양주시 화도읍 마석우리 194-3번지 화도초등학교는 학교를 중심으로 배산과 좌청룡이 뛰어나 미래에 지도자, 공직자의 꿈을 키워갈 학생들에게 좋은 형국이다.

경기도 부천시 오정구 고강동 고리울초등학교

경기도 부천시 오정구 고강동 325-4번지 고리울초등학교는 학교를 중심으로 능골산이 배산과 좌청룡의 힘이 좋으니 미래에 지도자, 공직자의 꿈을 키워갈 학생들에게 좋은 형국이다.

경기도 성남시 분당구 정자동 분당중앙고등학교

경기도 성남시 분당구 정자동 220번지 분당중앙고등학교는 학교를 중심으로 불곡산이 배산과 좌청룡의 힘이 좋아 미래에 지도자, 공직자의 꿈을 키워갈 학생들에게 좋은 형국이다.

경기도 성남시 수정구 고등동 왕남초등학교

경기도 성남시 수정구 고등동 459번지 왕남초등학교는 학교를 중심으로 고등근린공원이 배산과 좌청룡, 우백호가 좋아 미래에 지도자, 공직자, 사업가의 꿈을 키워갈 학생들에게 좋은 형국이다.

경기도 성남시 수정구 단대동 단대초등학교

경기도 성남시 수정구 단대동 77번지 단대초등학교는 학교를 중심으로 단대공원이 배산하고, 우백호의 힘이 좋으며, 재물인 우백호의 기운이 더 크고 강하니 미리 경제교육을 해주면 좋다.

경기도 안산시 단원구 고잔동 경안고등학교

경기도 안산시 단원구 고잔동 677번지 경안고등학교는 학교를 중심으로 배산과 우백호가 좋은 형국이다. 미래에 지도자, 사업가, 경제 전문가의 꿈을 키워갈 학생들에게 좋은 형국이다.

경기도 안산시 단원구 초지동 관산초등학교

경기도 안산시 단원구 초지동 603번지 관산초등학교는 학교를 중심으로 선부1공원이 배산하고 자연공원이 좌청룡이 되어 좋은 형국이며, 미래에 지도자, 공직자의 꿈을 키워갈 학생들에게 좋은 형국이다.

경기도 안산시 상록구 월피동 광덕중학교

경기도 안산시 상록구 월피동 274번지 광덕중학교는 학교를 중심으로 광덕산이 배산하고 좌청룡 우백호가 되어 좋은 형국이며, 미래에 지도자, 공직자, 사업가, 경제 전문가의 꿈을 키워갈 학생들에게 좋은 형국이다.

경기도 안양시 동안구 관양동 관양고등학교

경기도 안양시 동안구 관양동 115번지 관양고등학교는 학교를 중심으로 관악산이 배산하고 좌청룡 우백호가 되어 좋은 형국이며, 용맥의 기운까지 좋아 지도자, 공직자, 경제 전문가를 꿈꾸는 학생에게도 좋은 형국이다.

경기도 안양시 만안구 석수동 안양중학교

경기도 안양시 만안구 석수동 752번지 안양중학교는 학교를 중심으로 낮은 산이 배산하고, 좌청룡과 우백호가 힘이 좋아 미래에 지도자, 공직자, 사업가를 꿈꾸는 모든 학생에게 좋은 형국이다.

경기도 오산시 가수동 가수초등학교

경기도 오산시 가수동 25번지 가수초등학교는 학교를 중심으로 가감이산이 배산하고, 좌청룡 우백호가 좋은 형국을 이뤄 공직자, 사업가, 공부하는 학생들에게는 아늑하고 좋은 형국이다.

경기도 용인시 기흥구 구길동 성지초등학교, 갈곡초등학교

경기도 용인시 기흥구 구길동 599번지 성지초등학교, 갈곡초등학교는 학교를 중심으로 강남공원이 배산하고, 좌청룡이 되어 좋은 형국이므로 미래에 지도자, 공직자의 꿈을 키워갈 학생들에게 좋은 형국이다.

경기도 용인시 수지구 신봉동 홍천중학교

경기도 용인시 수지구 신봉동 28-1번지 홍천중학교는 학교를 중심으로 신봉공원이 배산하고, 좌청룡 우백호가 되어 좋은 형국이며, 특히 우백호가 더 좋아 경제 전문가를 꿈꾸는 학생에게도 좋은 형국이다.

경기도 용인시 수지구 죽전동 대덕초등학교, 대덕중학교

경기도 용인시 수지구 죽전동 1158번지 대덕초등학교, 대덕중학교는 학교를 중심으로 불곡산이 배산하고, 좌청룡 우백호가 되어 좋은 형국이며, 지도자, 공직자, 사업가를 꿈꾸는 학생들에게 더 좋다.

경기도 의정부시 녹양동 녹양초등학교

경기도 의정부시 녹양동 398번지 녹양초등학교는 학교를 중심으로 배산과 좌청룡 우백호가 좋은 형국을 이뤄 지도자, 공직자, 사업가 경제 전문가를 꿈꾸는 모든 학생들에게 좋은 형국이다.

경기도 화성시 청계동 동탄중학교

경기도 화성시 청계동 산49-14번지 동탄중학교는 학교를 중심으로 낮은 산이 배산하고, 좌청룡 우백호가 좋은 형국이 되었으며, 좌청룡이 더 좋아 미래에 지도자, 공직자, 사업가를 꿈꾸는 모든 학생들에게 더 좋다.

경기도 평택시 지산동 송현초등학교

경기도 평택시 지산동 675-19번지 송현초등학교는 학교를 중심으로 부락산이 배산하고, 좌청룡 우백호가 좋은 형국이며, 특히 미래에 지도자, 공직자, 사업가를 꿈꾸는 학생들에게 더 좋다.

경기도 평택시 지산동 평택지산초등학교

경기도 평택시 지산동 1090번지 평택지산초등학교는 학교를 중심으로 부락산이 배산하고, 좌청룡 우백호가 좋은 형국이며, 특히 재물인 우백호가 더 좋으니 미래에 지도자, 사업가를 꿈꾸는 학생들에게 좋다.

경기도 포천시 소흘읍 송우리 송우초등학교

경기도 포천시 소흘읍 송우리 214번지 송우초등학교는 학교를 중심으로 태봉산이 배산하고, 우백호가 좋은 형국을 만들어 좋으며, 태봉산이 힘이 좋아 미래에 지도자, 사업가를 꿈꾸는 학생들에게 아주 좋다.

경상남도

경상남도 김해시 관동동 관동중학교

경상남도 김해시 관동동 422-1번지 관동중학교는 학교를 중심으로 배산과 좌청룡 우백호가 좋은 형국이다. 따라서 미래에 지도자, 사업가를 꿈꾸는 학생들에게 좋다.

학교들을 풍수적으로 보실 때 배산의 힘이 좋으면 지도자의 힘이 생기고, 좌청룡이 가깝고 힘이 좋으면 공직자, 학생에게 좋으며, 우백호가 가깝고 좋으면 미래에 사업가, 경제 전문가가 될 가능성이 높다. 특히 참고할 사항으로는 우백호가 좋은 학교는 학생들에게 미리 경제교육을 해주면 미래에 큰 사업가가 되는 데 유리하며, 힘찬 용맥이 배산을 해주면 나라에 보탬이 되는 인재가 될 확률이 아주 높아진다.

경상남도 김해시 대동면 대동초등학교

경상남도 김해시 대동면 초정리 173번지 대동초등학교는 학교를 중심으로 백두산이 배산하고, 좌청룡이 되어 좋은 형국이 되었다. 배산임수, 좌청룡이 뛰어난 형국이니 지도자, 공직자를 꿈꾸는 학생들에게 좋다.

경상남도 김해시 삼계동 분성초·중·고, 분성여고

경상남도 김해시 삼계동 1442-2번지 분성초·중·고, 분성여고는 학교를 중심으로 분성산이 배산하고 좌청룡이 되어 미래에 지도자, 공직자를 꿈꾸는 학생들에게 좋은 형국이다.

경상남도 밀양시 내일동 밀양여자고등학교

경상남도 밀양시 내일동 326번지 밀양여자고등학교는 학교를 중심으로 아북산이 배산과 좌청룡이 되어 좋은 형국이 되었다. 특히 배산이 둥글고 강해 지도자, 공직자를 꿈꾸는 학생에게 아주 좋은 형국이다.

경상남도 하동군 하동읍 읍내리 하동중앙중학교

경상남도 하동군 하동읍 읍내리 667번지 하동중앙중학교는 학교를 중심으로 배산과 우백호가 뛰어나다. 배산과 우백호가 힘이 좋아 사업가, 경제 전문가를 꿈꾸는 학생에게 아주 좋은 형국이다.

경상남도 창녕군 장마면 강리 장마초등학교

경상남도 창녕군 장마면 강리 766-1번지 장마초등학교는 학교를 중심으로 용맥의 기운을 담은 배산과 좌청룡이 뛰어나며, 특히 용맥의 배산이 좋아 미래에 지도자, 공직자를 꿈꾸는 학생에게 아주 좋은 형국이다.

경상남도 하동군 관리 적량초등학교

경상남도 하동군 관리 136-2번지 적량초등학교는 학교를 중심으로 용맥이 배산하고 좌청룡 우백호가 좋아 지도자, 큰 사업가가 나올 좋은 형국이다. 용맥의 힘이 좋아 이미 많은 인재가 배출되었을 것으로 보인다.

경상남도 의령군 정곡면 중교리 정곡중학교

경상남도 의령군 정곡면 중교리 산3-1번지 정곡중학교는 학교를 중심으로 용맥이 배산하고 좌청룡 우백호가 좋아 이미 지도자, 큰 사업가, 만석꾼 등 많은 인재가 배출되었을 명당 학교로 보인다.

경상남도 창원시 마산회원구 내서읍 호계리 호계중학교

경상남도 창원시 마산회원구 내서읍 호계리 645번지 호계중학교는 학교를 중심으로 당산이 배산하고, 좌청룡 우백호 중 특히 우백호가 뛰어나 미래에 큰 사업가, 경제 전문가를 꿈꾸는 학생에게 좋은 형국이다.

경상남도 창원시 마산회원구 회원동 무학여자고등학교

경상남도 창원시 마산회원구 회원동 145-1번지 무학여자고등학교는 학교를 중심으로 반월산이 배산과 좌청룡이 되며, 멀리 우백호가 좋고 특히 뛰어나 미래에 지도자, 공직자를 꿈꾸는 학생에게 좋은 형국이다.

경상남도 창원시 진해구 제황산동 진해남산초등학교

경상남도 창원시 진해구 제황산동 28-13번지 진해남산초등학교는 학교를 중심으로 제황산이 배산하고, 좌청룡 우백호가 좋아 미래에 지도자, 공직자를 꿈꾸는 학생에게 좋은 형국이다.

경상북도

경상북도 고령군 대가야읍 쾌빈리 대가야고등학교

경상북도 고령군 대가야읍 쾌빈리 52-3번지 대가야고등학교는 학교를 중심으로 용맥의 기운을 담은 미숭산 용맥이 배산하고, 좌청룡 우백호가 뛰어나 미래에 큰 지도자, 공직자, 사업가가 나올 좋은 학교다.

경상북도 구미시 거의동 옥계중학교

경상북도 구미시 거의동 620번지 옥계중학교는 학교를 중심으로 연봉산이 배산의 힘이 좋고, 좌청룡 우백호에 안산까지 잘 갖춰서 좋은 형국이며, 내천까지 감아주니 미래에 지도자가 나올 좋은 학교다.

경상북도 구미시 도량동 야은초등학교, 도송중학교

경상북도 구미시 도량동 산50-11번지 야은초등학교, 도송중학교는 학교를 중심으로 배산과 좌청룡 우백호가 뛰어나다. 특히 배산과 우백호가 좋아 지도자, 경제 전문가를 꿈꾸는 학생에게 더 좋은 형국의 학교다.

경상북도 구미시 선산읍 이문리 선산중학교

경상북도 구미시 선산읍 이문리 709번지 선산중학교는 학교를 중심으로 배산과 우백호가 뛰어나다. 배산과 우백호가 좋아 지도자, 경제 전문가를 꿈꾸는 학생에게 좋은 형국의 학교다.

경상북도 구미시 원평동 구미여자중학교

경상북도 구미시 원평동 404번지 구미여자중학교는 학교를 중심으로 배산과 우백호가 뛰어나다. 지도자, 공직자, 경제 전문가를 꿈꾸는 학생에게 좋은 형국의 학교다.

경상북도 김천시 개령면 동부리 개령중학교

경상북도 김천시 개령면 동부리 321번지 개령중학교는 학교를 중심으로 배산과 우백호가 뛰어난 좋은 형국이다. 배산이 힘이 좋고 우백호가 뛰어나 미래에 지도자, 사업가, 경제 전문가가 나올 좋은 형국이다.

경상북도 김천시 교동 김천생명과학고등학교

경상북도 김천시 교동 536번지 김천생명과학고등학교는 학교를 중심으로 용맥의 기운을 담은 달봉산이 배산하고 좌청룡, 우백호가 힘이 좋아 미래에 지도자, 공직자, 사업가가 나올 좋은 학교다.

경상북도 김천시 신음동 김천신일초등학교

경상북도 김천시 신음동 506-2번지 김천신일초등학교는 학교를 중심으로 용맥의 기운을 담은 달봉산 자락이 배산하고 좌청룡이 좋은 형국이다. 배산과 좌청룡이 좋아 미래에 공직자가 나올 좋은 학교다.

경상북도 봉화군 삼계리 봉화고등학교

경상북도 봉화군 삼계리 314-2번지 봉화고등학교는 학교를 중심으로 옥적봉의 기운을 담은 용맥이 배산과 좌청룡이 되어 좋은 형국을 이뤄 미래에 큰 지도자, 공직자, 사업가가 나올 아주 좋은 형국이다.

경상북도 안동시 법상동 안동여자중학교

경상북도 안동시 법상동 1번지 안동여자중학교는 학교를 중심으로 영남산이 배산과 좌청룡 우백호가 되어 좋은 형국이다. 배산과 좌청룡 우백호가 좋아 미래에 지도자, 공직자, 사업가가 나올 좋은 형국이다.

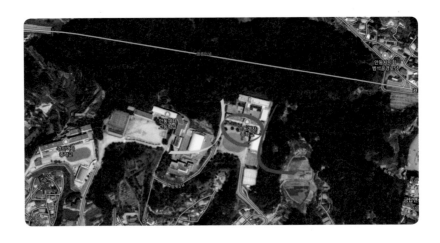

경상북도 안동시 신안동 경일고등학교

경상북도 안동시 신안동 산6-2번지 경일고등학교는 학교를 중심으로 영남산이 배산과 좌청룡 우백호가 되어 좋은 형국이다. 배산과 좌청룡 우백호가 좋아 미래에 지도자, 공직자, 사업가가 나올 좋은 형국이다.

경상북도 영덕군 축산면 도곡리 축산중학교

경상북도 영덕군 축산면 도곡리 450번지 축산중학교는 학교를 중심으로 대소산이 배산과 좌청룡 우백호가 되어 좋은 형국이다. 배산과 좌청룡 우백호의 힘이 좋아 미래에 지도자, 공직자, 사업가가 나올 좋은 형국이다.

경상북도 영주시 하망동 영주여자고등학교

경상북도 영주시 하망동 167-1번지 영주여자고등학교는 학교를 중심으로 철탄산이 배산과 우백호가 되어 좋은 형국이다. 배산과 우백호의 힘이 좋아 미래에 지도자, 사업가가 나올 좋은 형국이다.

경상북도 울릉군 도동리 울릉고등학교

경상북도 울릉군 도동리 350번지 울릉고등학교는 학교를 중심으로 천두산의 기운을 담은 용맥이 배산과 좌청룡, 우백호가 좋아 지도자, 공직자, 사업가가 나올 좋은 형국이며, 동향이라도 이런 형국이면 명당의 형국이다.

경상북도 칠곡군 석적읍 중리 석적고등학교

경상북도 칠곡군 석적읍 중리 15번지 석적고등학교는 학교를 중심으로 용맥의 기운을 담은 봉두암산의 기운을 담은 용맥이 배산과 좌청룡 우백호가 좋아 미래에 큰 지도자, 공직자, 사업가가 나올 명당의 좋은 형국이다.

경상북도 포항시 남구 연일읍 유강리 유강중학교

경상북도 포항시 남구 연일읍 유강리 565-4번지 유강중학교는 학교를 중심으로 노적봉 용맥의 기운을 담은 배산과 좌청룡 우백호가 좋은 형국이며, 미래에 큰 지도자, 공직자, 사업가가 나올 좋은 명당의 좋은 형국이다.

경상북도 포항시 북구 우현동 세화고등학교

경상북도 포항시 북구 우현동 318-3번지 세화고등학교는 학교를 중심으로 배산과 좌청룡 우백호가 좋은 형국을 이뤘다. 배산과 좌청룡 우백호를 잘 갖춰 미래에 지도자, 공직자, 사업가가 나올 아주 좋은 형국이다.

광주광역시

광주광역시 광산구 신가동 풍영초등학교

광주광역시 광산구 신가동 1021-2번지 풍영초등학교는 신가2공원을 배산으로 좌청룡이 좋은 형국을 이뤘다. 편안한 산의 배산과 좌청룡이 좋아 공부하는 학생들에게 편안한 형국이다.

광주광역시 북구 동림동 동림초등학교

광주광역시 북구 동림동 1157-1번지 동림초등학교는 배산과 좌청룡이 뛰어나 미래에 지도자, 공직자, 사업가가 나올 좋은 형국의 학교다. 참고로 아파트 단지가 벽을 세워 우백호가 되어줘도 좋다.

광주광역시 북구 일곡동 광주숭일고, 살레시오중학교 외

광주광역시 북구 일곡동 46-24번지 광주숭일고등학교, 살레시오 중·고등학교, 광주선우학교는 잘산봉이 배산과 좌청룡 우백호가 뛰어나고, 안산까지 잘 갖춰져서 미래에 지도자 공직자, 사업가가 나올 명당 학교들이다.

광주광역시 북구 운암동 서강고등학교

광주광역시 북구 운암동 789-1번지 서강고등학교는 운암산을 배산으로 우백호가 좋은 형국이다. 둥근 예쁜 배산이 좋은 기운을 주며, 운암산 용맥이 우백호니, 미래에 지도자, 사업가가 나올 좋은 학교다.

광주광역시 서구 매월동 광주대동고등학교

광주광역시 서구 매월동 521-4번지 광주대동고등학교는 개금산이 배산하고 좌청룡 우백호가 뛰어나다. 가재가 온몸으로 학교를 감싸주듯 좋은 기운을 주니 미래에 지도자, 공직자, 사업가가 나올 좋은 학교다.

대구광역시

대구광역시 달서구 이곡동 이곡중학교, 선원초등학교

대구광역시 달서구 이곡동 1333번지 이곡중학교, 선원초등학교는 와룡산이 배산하고 좌청룡 우백호가 되어 좋은 형국을 이뤘다. 이곡중학교는 힘이 좋은 와룡산이 가까우니 미리 경제교육을 하면 큰 사업가가 나올 좋은 형국이며, 선원초등학교는 좌청룡이 가까우니 지도자, 공직자를 꿈꾸는 학생에게 좋은 형국이다.

대구광역시 달서구 용산동 성산고등학교

대구광역시 달서구 용산동 508-2번지 성산고등학교는 와룡산이 배산하고 우백호가 되어 좋은 형국이 되었다. 와룡산이 배산과 우백호에 힘을 실어주니 미래에 지도자, 사업가, 경제 전문가를 꿈꾸는 학생에게 좋은 형국이다.

대구광역시 달성군 남리 북동중학교

대구광역시 달성군 남리 318번지 북동중학교는 잠용산이 배산하고 좌청룡 우백호가 뛰어나 미리 경제교육을 하면 사업가가 나올 좋은 형국이다. 논공초등학교도 좋은 형국이며, 아파트가 좌청룡이 되어 좋은 형국이 되었다.

대구광역시 서구 상리동 계성고등학교

대구광역시 서구 상리동 687번지 계성고등학교는 와룡산이 배산하고 우백호가 되어 좋은 형국이 되었다. 배산과 우백호가 좋아 미리 경제교육을 하면 사업가, 금융전문가가 나올 형국이다.

대구광역시 수성구 만촌동 소선여중, 혜화여고, 영남공고

대구광역시 수성구 만촌동 862-17번지 소선여중, 혜화여고, 영남공고는 낮은 산이 배산하고 우백호가 좋아 미리 경제교육을 하면 사업가, 경제 전문가가 나올 형국이다. 좌청룡이 약하면 아파트가 좌청룡이 되어주면 좋다.

대구광역시 수성구 범어동 정화여중, 정화여고

대구광역시 수성구 범어동 산105-1번지 정화여중, 정화여고는 낮은 산이 배산하고 좌청룡이 뛰어나 지도자, 공직자가 나올 좋은 형국이다.

대구광역시 수성구 지산동 능인중·고등학교

대구광역시 수성구 지산동 800번지 능인중학교, 능인고등학교는 무학산이 배산하고 좌청룡이 뛰어나 미래에 지도자, 공직자가 나올 좋은 형국이다. 아파트도 좌청룡이 좋으니 지도자, 공직자를 꿈꾸는 학생에게 좋다.

대전광역시

대전광역시 대덕구 오정동 대화중학교

대전광역시 대덕구 오정동 16번지 대화중학교는 오정근린공원이 배산하고 좌청룡 우백호가 되어 좋은 형국이 되었다. 낮은 산이 배산을 잘하고 좌청룡 우백호의 편안한 형국이라 공직자가 나올 좋은 형국의 학교다.

대전광역시 대덕구 장동 대전장동초등학교

대전광역시 대덕구 장동 376번지 대전장동초등학교는 배산임수, 좌청룡 우백호가 뛰어나 지도자, 공직자, 사업가가 나올 좋은 형국이다. 이렇게 자연과 함께하는 학교는 도심에서 경쟁을 싫어하는 학생에게 특히 좋다.

대전광역시 동구 판암동 대암초등학교

대전광역시 동구 판암동 235번지 대암초등학교는 황학산이 배산하고 우백호가 좋은 형국이다. 배산과 우백호가 좋아 미래에 사업가가 나올 좋은 형국이니 미리 학생들에게 경제교육을 하면 좋다.

대전광역시 유성구 도룡동 대덕초등학교, 대덕고등학교

대전광역시 유성구 도룡동 395번지 대덕초등학교, 대덕고등학교는 우성이산이 배산과 좌청룡, 매봉산이 우백호로 뛰어나 지도자, 공직자, 사업가가 나올 좋은 형국이다. 풍수가 뛰어나 이미 많은 인재가 나왔을 것이다.

부산광역시

부산광역시 금정구 남산동 남산중학교

부산광역시 금정구 남산동 31-11번지 남산중학교는 배산과 좌청룡이 뛰어나다. 배산과 좌청룡이 힘이 좋아 미래에 지도자, 공직자가 나올 좋은 형국이며, 아파트 단지가 우백호가 되어주면 서풍을 막아주니 좋다.

부산광역시 금정구 서동 금사중학교, 금샘고등학교

부산광역시 금정구 서동 22번지 금사중학교, 금샘고등학교는 배산과 좌청룡이 뛰어나 미래에 지도자, 공직자가 나올 좋은 형국이다. 이렇게 배산과 좌청룡이 좋으면 학군보다 풍수 좋은 학교를 찾는 학부모에게 좋다.

부산광역시 남구 대연동 대남초등학교

부산광역시 남구 대연동 238-38번지 대남초등학교는 금련산이 배산하고, 좌청룡 우백호가 되어 좋은 형국이 되었다. 배산과 좌청룡 우백호의 균형이 좋아 미래에 지도자, 공직자, 사업가가 나올 좋은 형국이다.

부산광역시 남구 대연동 동천고등학교

부산광역시 남구 대연동 1573-7번지 동천고등학교는 황영산이 배산하고 좌청룡 우백호의 힘이 좋아 미래에 지도자, 공직자, 사업가가 나올 좋은 형국이다. 도심 속의 숲이라서 마치 수련원에 온 듯 공부가 잘될 것이다.

부산광역시 남구 대연동 세연고등학교

부산광역시 남구 대연동 1799-1번지 세연고등학교는 황영산이 배산하고 좌청룡이 되어 좋은 형국이 되었다. 배산과 좌청룡이 편안해서 미래 공직자가 나올 좋은 형국이며, 좌청룡 아래 빌라 단지도 풍수적으로 좋다.

부산광역시 동래구 명장동 금정고등학교

부산광역시 동래구 명장동 432번지 금정고등학교는 옥봉산이 배산과 좌청룡이 되어 좋은 형국이 되었다. 옥봉산이 배산과 좌청룡에 힘을 주어 지도자, 공직자가 나올 좋은 형국이며, 이미 많은 인재가 나왔을 것이다.

부산광역시 부산진구 부암동 동양초등학교, 동양중학교

부산광역시 부산진구 부암동 718번지 동양초등학교, 동양중학교는 백양산의 배산과 좌청룡 우백호가 뛰어나고, 힘이 좋아 미래에 지도자, 공직자, 사업가가 나올 좋은 형국이다.

부산광역시 북구 만덕동 만덕초등학교

부산광역시 북구 만덕동 646-1번지 만덕초등학교는 용맥의 기운을 담은 금정산의 배산과 좌청룡 우백호가 뛰어나 미래에 지도자, 공직자, 사업가가 나올 좋은 형국이다. 만덕동일 아파트도 용맥을 잘 받으니 최고다.

부산광역시 사상구 덕포동 대덕여자고등학교

부산광역시 사상구 덕포동 산8-41번지 대덕여자고등학교는 학교를 중심으로 백양산이 배산과 좌청룡이 되어 좋은 형국을 이뤘다. 배산과 좌청룡에 안산까지 좋아 미래에 지도자, 공직자가 나올 좋은 형국이다.

부산광역시 사하구 감천동 삼성여고, 삼성중, 감천중

부산광역시 사하구 감천동 598-1번지 삼성여고, 삼성중학교, 감천중학교는 배산과 좌청룡이 뛰어나 미래에 지도자, 공직자가 나올 좋은 형국이다. 삼성중, 삼성여고는 좌청룡이 좋고 감천중은 우백호가 좋으니 참고하면 좋다.

부산광역시 사하구 구평동 구평초등학교, 대동중학교

부산광역시 사하구 구평동 24-19번지 구평초등학교, 대동중학교는 학교를 중심으로 배산과 좌청룡 우백호가 뛰어나 미래에 지도자, 공직자, 사업가가 나올 좋은 형국이다. 두 학교 모두 배산과 좌청룡이 더 힘차고 좋다.

부산광역시 사하구 신평동 신촌초등학교

　부산광역시 사하구 신평동 45-4번지 신촌초등학교는 학교를 중심으로 배산과 좌청룡 우백호가 뛰어나 미래에 지도자, 공직자, 사업가가 나올 좋은 형국이다. 특히 배산과 좌청룡이 좋아 학생에게 더 좋은 형국이다.

부산광역시 수영구 광안동 동수영중학교

　부산광역시 수영구 광안동 990번지 동수영중학교는 학교를 중심으로 배산과 좌청룡 우백호가 좋은 형국이다. 금련산이 힘이 좋고 좌청룡 우백호의 형국이 좋아 미래에 지도자, 공직자, 사업가가 나올 좋은 형국이다.

부산광역시 수영구 민락동 민락초등학교

부산광역시 수영구 민락동 3번지 민락초등학교는 학교를 중심으로 배산과 좌청룡 우백호가 좋아 미래에 지도자, 공직자, 사업가가 나올 좋은 형국이다. 특히 배산과 좌청룡이 힘이 좋아 학생에게 좋은 형국이다.

부산광역시 해운대구 반송동 반송중학교

부산광역시 해운대구 반송동 911번지 반송중학교는 학교를 중심으로 용맥의 기운을 담은 배산과 좌청룡 우백호가 뛰어나 미래에 지도자, 공직자, 사업가가 나올 명문 학교의 형국을 잘 갖췄다.

부산광역시 해운대구 반송동 영산고등학교

부산광역시 해운대구 반송동 248번지 영산고등학교는 학교를 중심으로 배산과 좌청룡 우백호가 뛰어난 좋은 형국이다. 배산과 좌청룡 우백호의 힘이 좋아 미래에 지도자, 공직자, 사업가가 나올 좋은 형국이다.

부산광역시 해운대구 반여동 무정초등학교

부산광역시 해운대구 반여동 1660번지 무정초등학교는 장산이 배산과 좌청룡이 되고 아파트가 우백호가 되어 미래에 지도자, 공직자가 나올 좋은 형국이다. 이렇게 아파트가 세로로 우백호가 되어주면 좋다.

서울특별시

서울특별시 강남구 수서동 왕북초등학교, 중산고등학교

 서울특별시 강남구 수서동 745번지 왕북초등학교와 중산고등학교는 학교를 중심으로 광수산이 배산과 좌청룡 우백호가 되어 좋은 형국을 이뤘다. 광수산이 배산과 좌청룡 우백호가 되어 힘이 좋아 두 학교 모두 미래에 지도자, 공직자, 사업가가 나올 좋은 형국이며, 아래 사진상 좌측의 중산고등학교는 재물인 우백호가 특히 둥글고 좋아 이 학교의 학생들에게 미리 경제교육을 하면 큰 사업가, 경제 전문가가 될 것이다.

서울특별시 금천구 시흥동 금천초등학교

서울특별시 금천구 시흥동 218-1번지 금천초등학교는 학교를 중심으로 관악산이 배산하고 좌청룡 우백호가 뛰어나 미래에 지도자, 공직자, 사업가가 나올 좋은 형국이다.

서울특별시 금천구 시흥동 탑동초등학교

서울특별시 금천구 시흥동 218-1번지 탑동초등학교는 학교를 중심으로 관악산이 배산하고 좌청룡이 좋은 형국을 만들었다. 용맥의 기운을 잘 받아서 기운이 좋아 미래에 지도자, 공직자가 나올 좋은 형국이다.

서울특별시 강서구 화곡동 신곡초등학교

서울특별시 강서구 화곡동 476-42번지 신곡초등학교는 학교를 중심으로 봉제산이 배산하고 좌청룡 우백호가 좋아 미래에 지도자, 공직자, 사업가가 나올 좋은 형국이다. 특히 우백호가 좋아 학생들은 미리 경제교육을 받으면 좋다.

서울특별시 구로구 고척동 고척고등학교

서울특별시 구로구 고척동 232번지 고척고등학교는 학교를 중심으로 배산과 우백호가 좋은 형국을 만들었다. 배산과 좌청룡이 힘이 좋아 미래에 지도자, 공직자가 나올 좋은 형국이다.

서울특별시 금천구 독산동 정심초등학교

서울특별시 금천구 독산동 182-44번지 정심초등학교는 학교를 중심으로 관악산이 있어 배산과 우백호가 좋은 형국을 만들었다. 배산과 우백호가 힘이 좋아 미래에 지도자, 사업가, 경제 전문가가 나올 좋은 형국이다.

서울특별시 관악구 봉천동 관악중학교

서울특별시 관악구 봉천동 100-569번지 관악중학교는 학교를 중심으로 용맥이 배산과 좌청룡이 되어 학생들에게 좋은 형국을 만들었다. 용맥의 기운을 받으니 미래에 지도자, 공직자가 나올 좋은 형국이다.

서울특별시 도봉구 방학동 신방학초등학교

서울특별시 도봉구 방학동 310번지 신방학초등학교는 학교를 중심으로 도봉산이 배산하고 좌청룡 우백호가 뛰어나 미래에 지도자, 공직자, 사업가, 경제 전문가가 나올 좋은 형국이다.

서울특별시 동작구 사당동 동작초등학교, 동작중학교

서울특별시 동작구 사당동 산9-1번지 동작초등학교, 동작중학교는 배산과 우백호가 뛰어나 미래에 지도자, 공직자, 사업가가 나올 좋은 형국이다. 두 학교 모두 우백호가 뛰어나니 미리 경제교육을 해주면 좋다.

서울특별시 동작구 사당동 행림초등학교, 동작고등학교

서울특별시 동작구 사당동 236-21번지 행림초등학교, 동작고등학교는 학교를 중심으로 배산과 좌청룡 우백호가 좋아 미래에 지도자, 공직자, 사업가, 경제 전문가가 나올 좋은 형국이다.

서울특별시 마포구 상수동 서강초등학교

서울특별시 마포구 상수동 1-1번지 서강초등학교는 학교를 중심으로 용맥의 기운을 담은 와우산이 배산이 되고, 서강쌍용예가 아파트가 수직으로 좌청룡이 되었다. 배산의 힘이 좋아 지도자를 꿈꾸는 학생에게 좋다.

서울특별시 서대문구 현저동 한성과학고등학교

서울특별시 서대문구 현저동 산5-2번지 한성과학고등학교는 학교를 중심으로 안산이 배산하고 좌청룡 우백호가 뛰어나 미래에 지도자, 공직자, 사업가를 꿈꾸는 모든 학생들에게 좋은 형국이다.

서울특별시 서대문구 홍제동 고은초등학교

서울특별시 서대문구 홍제동 320-3번지 고은초등학교는 학교를 중심으로 안산이 배산하고 우백호가 뛰어나 미래에 지도자, 공직자, 사업가를 꿈꾸는 학생들에게 좋은 형국이다. 배산의 힘이 좋아 미래에 사업가에게 특히 좋다.

서울특별시 서대문구 홍은동 홍연초등학교

서울특별시 서대문구 홍은동 305번지 홍연초등학교는 학교를 중심으로 백련산이 배산과 좌청룡 우백호가 되어 좋다. 배산과 좌청룡 우백호도 힘이 좋아 미래에 지도자, 공직자, 사업가를 꿈꾸는 학생들에게 좋은 형국이다.

서울특별시 양천구 신정동 백암고등학교

서울특별시 양천구 신정동 733번지 백암고등학교는 학교를 중심으로 용맥이 배산하고, 좌청룡 우백호가 되어 좋은 형국이다. 특히 학교가 용맥의 기운을 받고 형국을 잘 갖췄으니 명문고가 될 좋은 형국이다.

서울특별시 용산구 용산동2가 용암초등학교

서울특별시 용산구 용산동2가 5-1498번지 용암초등학교는 학교를 중심으로 강력한 남산이 배산하고, 좌청룡 우백호가 되어 좋은 형국이 되었다. 남산의 기운을 오롯이 잘 받으니 지도자, 공직자가 나올 좋은 형국이다.

서울특별시 은평구 갈현동 선정국제관광고등학교

서울특별시 은평구 갈현동 227-5번지 선정국제관광고등학교는 학교를 중심으로 강력한 배산과 우백호가 좋은 형국을 이뤘다. 배산과 우백호의 힘이 좋아 미래에 지도자, 경제 전문가가 나올 좋은 형국이다.

서울특별시 은평구 신사동 신사초등학교

서울특별시 은평구 신사동 98-32번지 신사초등학교는 학교를 중심으로 배산과 우백호가 좋은 형국이 되었다. 배산과 우백호의 힘이 좋아 미래에 지도자, 사업가, 경제 전문가가 나올 좋은 형국이다.

서울특별시 은평구 신사동 숭실중·고등학교

서울특별시 은평구 신사동 300-88번지 숭실중학교, 숭실고등학교는 학교를 중심으로 봉산이 배산과 우백호가 좋은 형국이 되었다. 배산과 우백호의 힘이 좋아 미래에 지도자, 사업가, 경제 전문가가 나올 좋은 형국이다.

세종특별자치시

세종특별자치시 고운동 세종누리학교

세종특별자치 고운동 470-5번지 세종누리학교는 공립특수학교로서 2024년 3월 1일 기준 유치원 2학급, 초등 15학급, 중등 9학급, 고등 5학급, 전공과 4학급(총 195명)으로 편성된 학교다. 학교를 중심으로 배산과 좌청룡 우백호가 좋은 형국을 이뤘다. 배산과 좌청룡 우백호가 좋아 학생들에게 안정되고 편안한 형국이다.

세종특별자치시 도담동 양지고등학교

세종특별자치 도담동 895번지 양지고등학교는 오산이 배산과 좌청룡이 되고, 용맥이 뛰어나 미래에 지도자, 공직자를 꿈꾸는 학생들에게 아주 좋은 명문 학교다. 이렇듯 학생들은 좌청룡이 가까운 게 좋다.

세종특별자치시 아름동 세종과학예술영재학교

세종특별자치시 아름동 807번지 세종과학예술영재학교는 배산과 좌청룡, 우백호가 좋아 미래에 지도자, 공직자를 꿈꾸는 학생들에게 아주 좋은 형국의 학교다. 배산과 좌청룡이 가까우니 공부하는 데 아주 좋은 형국이다.

울산광역시

울산광역시 남구 무거동 우신고등학교

　울산광역시 남구 무거동 962-2번지 우신고등학교는 학교를 중심으로 영취산이 배산하고, 좌청룡 우백호가 좋은 형국을 이뤘다. 배산과 좌청룡 우백호가 좋아 미래에 지도자, 공직자, 사업가를 꿈꾸는 학생에게 좋은 형국이다. 무거중학교, 무거고등학교도 똑같이 영취산의 기운을 받으니 좋은 형국이며, 공직인 좌청룡은 멀고 재물인 우백호가 가까우니 미리 경제교육을 해주면 좋다.

울산광역시 남구 옥동 신정중학교

울산광역시 남구 옥동 163-6번지 신정중학교는 학교를 중심으로 남산이 배산하고, 좌청룡 우백호가 좋은 형국을 이뤘다. 배산과 좌청룡 우백호가 좋아 미래에 지도자, 공직자, 사업가를 꿈꾸는 학생에게 좋은 형국이다.

울산광역시 남구 옥동 옥서초등학교, 옥동중학교

울산광역시 남구 옥동 648-1번지 옥서초등학교, 옥동중학교는 학교를 중심으로 남산이 배산과 우백호를 만들어 좋은 형국을 이뤘다. 배산과 우백호가 좋아 미래에 지도자, 사업가를 꿈꾸는 학생에게 좋은 형국이다.

울산광역시 남구 옥동 울산제일고등학교, 성광여자고등학교

울산광역시 남구 옥동 910-1번지 울산제일고등학교, 성광여자고등학교는 학교를 중심으로 삼호산이 배산과 좌청룡 우백호가 뛰어나 미래에 지도자, 공직자, 사업가를 꿈꾸는 학생에게 좋은 형국이다.

울산광역시 동구 서부동 남목고등학교

울산광역시 동구 서부동 728번지 남목고등학교는 학교를 중심으로 용맥의 기운을 담은 배산과 좌청룡 우백호가 뛰어나 미래에 지도자, 공직자, 사업가를 꿈꾸는 모든 학생에게 좋은 형국이다.

울산광역시 동구 동부동 현대공업고등학교

울산광역시 동구 동부동 166-1번지 현대공업고등학교는 학교를 중심으로 봉대산이 배산과 좌청룡 우백호가 되어 미래 공직자, 지도자, 사업가를 꿈꾸는 학생에게 좋은 형국이다.

울산광역시 동구 서부동 현대고등학교

울산광역시 동구 서부동 238-17번지 현대고등학교는 학교를 중심으로 염포산이 배산과 우백호가 되고, 아파트 단지가 좌청룡이 되어 미래에 지도자, 사업가를 꿈꾸는 학생에게 더 좋은 형국이다.

울산광역시 울주군 구영리 구영초등학교

울산광역시 울주군 구영리 699번지 구영초등학교는 학교를 중심으로 둥그런 배산과 좌청룡이 뛰어나 미래에 지도자, 공직자를 꿈꾸는 학생에게 좋은 형국이다. 이렇게 배산과 안산은 공부하는 학생들에게 매우 좋다.

울산광역시 울주군 상북면 산전리 울산과학고등학교

울산광역시 울주군 상북면 산전리 30번지 울산과학고등학교는 학교를 중심으로 고운산이 배산하고, 좌청룡 우백호가 좋아 미래에 지도자, 공직자, 사업가, 경제 전문가를 꿈꾸는 학생에게 좋은 형국이다.

울산광역시 울주군 청량읍 율리 문수초등학교

울산광역시 울주군 청량읍 율리 390번지 문수초등학교는 학교를 중심으로 문수산이 배산과 우백호가 되어 좋은 형국이 되었다. 배산과 우백호가 좋아 미래에 지도자, 사업가, 경제 전문가를 꿈꾸는 학생에게 좋은 형국이다.

울산광역시 중구 태화동 학성여자중학교

울산광역시 중구 태화동 747-1번지 학성여자중학교는 학교를 중심으로 배산과 좌청룡이 뛰어나다. 배산과 좌청룡이 좋아 미래에 지도자, 공직자를 꿈꾸는 학생에게 좋은 형국이다.

인천광역시

인천광역시 계양구 효성동 효성초등학교, 효성중학교

인천광역시 계양구 효성동 28-43번지 효성초등학교, 효성중학교는 학교를 중심으로 계양산이 배산과 좌청룡 우백호가 되어 형국이 뛰어나다. 배산과 좌청룡 우백호가 좋아 미래에 지도자, 공직자, 사업가, 경제 전문가를 꿈꾸는 학생에게 좋은 형국이다.

인천광역시 남동구 서창동 만월중학교

인천광역시 남동구 서창동 658번지 만월중학교는 학교를 중심으로
장아산이 배산과 좌청룡이 되고, 아파트가 우백호가 되어 좋은 형국이
다. 배산과 좌청룡이 좋아 미래에 지도자, 공직자를 꿈꾸는 학생에게
좋은 형국이다.

인천광역시 미추홀구 문학동 문학초등학교

인천광역시 미추홀구 문학동 343-2번지 문학초등학교는 학교를 중
심으로 승학산이 배산과 좌청룡이 되어 좋은 형국이 되었다. 배산과 좌
청룡이 좋아 미래에 지도자, 공직자를 꿈꾸는 학생에게 좋은 형국이다.

인천광역시 부평구 십정동 백운초등학교

인천광역시 부평구 십정동 541-13번지 백운초등학교는 학교를 중심으로 법성산이 배산과 좌청룡이 되어 좋은 형국이 되었다. 배산과 좌청룡이 뛰어나 미래에 지도자, 공직자를 꿈꾸는 학생에게 좋은 형국이다.

인천광역시 부평구 십정동 동암중학교

인천광역시 부평구 십정동 589번지 동암중학교는 법성산이 배산과 좌청룡이 되어 좋은 형국이 되었다. 용맥의 기운을 받은 배산이 뛰어나고 좌청룡이 좋아 미래에 지도자, 공직자를 꿈꾸는 학생에게 아주 좋은 형국이다.

인천광역시 서구 석남동 석남초등학교

인천광역시 서구 석남동 109-1번지 석남초등학교는 학교를 중심으로 원적산이 배산과 좌청룡이 되어 좋은 형국이 되었다. 배산과 좌청룡이 좋아 미래에 지도자, 공직자를 꿈꾸는 학생에게 아주 좋은 형국이다.

인천광역시 서구 석남동 천마초등학교, 인천보건고등학교

인천광역시 서구 석남동 295-1번지 천마초등학교, 인천보건고등학교는 학교를 중심으로 원적산이 배산하고, 좌청룡이 뛰어나 미래에 지도자, 공직자를 꿈꾸는 학생에게 아주 좋은 형국이다.

전라남도

전라남도 강진군 라천리 청람중학교

전라남도 강진군 군동면 라천리 161번지 청람중학교는 학교를 중심으로 비파산이 배산과 좌청룡 우백호가 되어 좋은 형국이 되었다. 배산과 좌청룡 우백호가 안정되어 미래에 지도자, 공직자, 사업가를 꿈꾸는 학생에게 아주 좋은 형국이다.

전라남도 광양시 진월면 선소리 진월중학교

전라남도 광양시 진월면 선소리 752번지 진월중학교는 학교를 중심으로 배산과 우백호가 좋은 형국을 만들었다. 배산이 힘차고 우백호가좋아 지도자, 사업가, 경제 전문가를 꿈꾸는 학생에게 아주 좋은 형국이다.

전라남도 광양시 중동 광양중앙초등학교

전라남도 광양시 중동 1347-1번지 광양중앙초등학교는 학교를 중심으로 둥글고 힘찬 배산과 우백호가 뛰어나 지도자, 미래에 큰 사업가, 경제 전문가를 꿈꾸는 학생에게 아주 좋은 형국이다.

전라남도 보성군 벌교읍 봉림리 벌교중학교

전라남도 보성군 벌교읍 봉림리 303-3번지 벌교중학교는 학교를 중심으로 제석산이 있어 힘찬 배산과 좌청룡 우백호가 특히 뛰어나다. 미래에 지도자, 공직자, 사업가, 경제 전문가를 꿈꾸는 학생에게 아주 좋은 형국이다.

전라남도 목포시 상동 목포여자상업고등학교

전라남도 목포시 상동 522-5번지 목포여자상업고등학교는 학교를 중심으로 양을산이 있어 힘찬 배산과 좌청룡 우백호가 특히 뛰어나다. 미래에 큰 지도자, 공직자, 사업가, 경제 전문가를 꿈꾸는 학생에게 아주 좋은 형국이다.

전라남도 여수시 돌산읍 군내리 돌산초등학교

전라남도 여수시 돌산읍 군내리 193번지 돌산초등학교는 용맥의 기운을 가진 천왕산이 있어 힘찬 배산과 좌청룡 우백호가 뛰어나고 안산까지 좋아 미래에 큰 지도자, 공직자, 큰 사업가, 경제 전문가가 나올 좋은 형국이다.

전라남도 여수시 봉계동 여도초등학교, 여도중학교

전라남도 여수시 봉계동 37번지 여도초등학교, 여도중학교는 호랑산이 있어 힘찬 배산과 좌청룡 우백호가 뛰어나며, 미래에 지도자, 공직자, 사업가, 경제 전문가가 나올 좋은 형국이다. 우백호가 예쁘니 미리 경제교육을 하면 좋다.

전라남도 여수시 선원동 도원초등학교, 여천중학교

전라남도 여수시 선원동 1325-1번지 도원초등학교, 여천중학교는 무선산이 힘찬 배산과 우백호를 만들어 좋은 형국이 되었다. 배산과 우백호가 힘차고 좋아 미래에 지도자, 사업가, 경제 전문가가 나올 좋은 형국이다.

전라남도 화순군 동면 장동리 동면초등학교

전라남도 화순군 동면 장동리 351번지 동면초등학교는 엄청난 용맥이 배산하고 좌청룡, 우백호까지 뛰어난 명당 형국이다. 미래에 지도자, 공직자, 사업가, 경제 전문가가 나올 명당 형국이며, 이미 많은 인재들이 나왔을 것이다.

전북특별자치도

전북특별자치도 군산시 동흥남동 군산고등학교

전북특별자치도 군산시 동흥남동 402-30번지 군산고등학교는 학교를 중심으로 팔마산이 힘찬 배산과 좌청룡을 만들어 좋은 형국이 되었다. 배산과 좌청룡이 힘차고 좋아 미래에 지도자, 공직자가 나올 좋은 형국이다.

전북특별자치도 군산시 성산면 도암리 군산중앙중학교 외

전북특별자치도 군산시 성산면 도암리 608-8번지 군산중앙중학교, 군산중앙고등학교, 군장대학교는 오성산이 있어 힘찬 배산과 좌청룡 우백호가 뛰어나다. 미래에 지도자, 공직자가, 사업가가 나올 좋은 형국이다.

전북특별자치도 군산시 조촌동 군산제일중·고등학교

전북특별자치도 군산시 조촌동 84번지 군산제일중학교, 고등학교는 학교를 중심으로 장군봉의 기운을 받은 배산과 좌청룡이 뛰어나고 안산까지 뛰어나 미래에 큰 지도자, 공직자가 나올 아주 좋은 형국이다.

전북특별자치도 전주시 완산구 효자동2가 전일고등학교

전북특별자치도 전주시 완산구 효자동2가 619번지 전일고등학교는 학교를 중심으로 용맥의 기운을 담은 배산이 좋은 형국을 만들었다. 배산의 기운이 뛰어나 미래에 지도자, 공직가가 나올 아주 좋은 형국이다.

제주특별자치도

제주특별자치도 서귀포시 대정읍 상모리 대정고등학교

제주특별자치도 서귀포시 대정읍 상모리 3422-2번지 대정고등학교는 학교를 중심으로 모슬봉의 기운을 받은 배산이 뛰어나다. 특히 제주는 바람이 많아 배산만 해도 좋은데, 모슬봉을 배산으로 단산이 좌청룡이 된 대정고등학교가 돋보인다. 배산이 힘차고 멀리서 좌청룡이 지켜주니 미래에 지도자, 공직자가 나올 좋은 형국이다.

충청남도

충청남도 공주시 사곡면 고당리 사곡중학교

충청남도 공주시 사곡면 고당리 270번지 사곡중학교는 학교를 중심으로 배산과 좌청룡 우백호가 좋은 형국이다. 미래에 지도자, 공직자, 사업가가 나올 아주 좋은 형국이다.

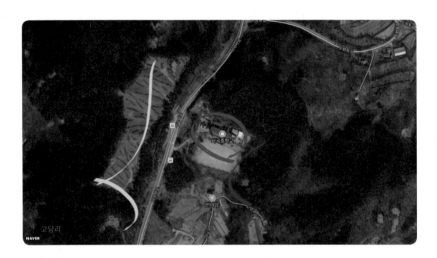

충청남도 공주시 반포면 마암리 충남과학고등학교

충청남도 공주시 반포면 마암리 250-1번지 충남과학고등학교는 청벽산이 있어 배산과 좌청룡 우백호가 뛰어나다. 미래에 지도자, 사업가가 나올 좋은 형국이다. 특히 배산과 우백호가 강하면 지도력이 강한 사업가가 나온다.

충청남도 공주시 정안면 광정리 한일고등학교

충청남도 공주시 정안면 광정리 164번지 한일고등학교는 학교를 중심으로 배산과 좌청룡 우백호가 좋은 형국이며, 특히 배산임수, 좌청룡 우백호가 좋아 미래에 지도자, 공직자, 사업가가 나올 아주 좋은 형국이다.

충청남도 부여군 가탑리 부여고등학교

충청남도 부여군 부여읍 가탑리 259번지 부여고등학교는 학교를 중심으로 배산과 좌청룡, 아파트가 우백호가 되어 미래에 지도자, 공직자, 사업가가 나올 아주 좋은 형국이다.

충청남도 부여군 외산면 장항리 외산초등학교

충청남도 부여군 외산면 장항리 211-1번지 외산초등학교는 용맥이 배산하고 좌청룡, 우백호가 뛰어나 나라에 보탬이 되는 큰 인재가 나올 수 있다. 미래에 큰 지도자, 공직자, 사업가, 인재가 나올 좋은 명당 형국의 학교다.

충청남도 서천군 군사리 서천여자고등학교

충청남도 서천군 군사리 356-17번지 서천여자고등학교는 배산과 좌청룡 우백호가 뛰어난 형국이며, 특히 좌청룡은 가재가 팔로 깊게 감 듯 기운을 잡아주어 미래에 능력 있는 지도자, 공직자가 나올 아주 좋 은 형국이다.

충청남도 아산시 명암리 충남외국어고등학교, 탕정중학교

충청남도 아산시 명암리 851번지 충남외국어고등학교, 탕정중학교 는 배산과 좌청룡이 좋아 미래에 지도자, 공직자가 나올 좋은 형국이다.

충청남도 아산시 염치읍 송곡리 송곡초등학교

충청남도 아산시 염치읍 송곡리 53-1번지 송곡초등학교는 학교를 중심으로 금병산이 배산과 좌청룡이 되어 좋은 형국이며, 특히 배산과 좌청룡이 좋아 미래에 지도자, 공직자가 나올 좋은 형국이다.

충청남도 예산군 예산읍 주교리 예산고등학교

충청남도 예산군 예산읍 주교리 741-2번지 예산고등학교는 학교를 중심으로 마암산이 배산과 좌청룡이 되어 좋은 형국이며, 배산과 좌청룡이 좋아 미래에 지도자, 공직자가 나올 좋은 형국이다.

충청남도 홍성군 홍북읍 상하리 용봉초등학교

　충청남도 홍성군 홍북읍 상하리 436번지 용봉초등학교는 학교를 중심으로 용맥의 기운이 배산과 좌청룡 우백호가 되어 좋은 형국이며, 안산까지 좋아 미래에 지도자, 공직자, 사업가가 나올 좋은 형국이다.

충청남도 천안시 동남구 신부동 북일고, 북일여고

　충청남도 천안시 동남구 신부동 245번지 북일고등학교, 북일여자고등학교는 학교를 중심으로 낮은 산이 배산과 좌청룡 우백호가 되어 좋은 형국이며, 배산과 좌청룡이 좋아 미래에 지도자, 공직자가 나올 좋은 형국이다.

충청북도

충청북도 영동군 추풍령면 추풍령리 추풍령중학교

충청북도 영동군 추풍령면 추풍령리 63-1번지 추풍령중학교는 학교를 중심으로 마암산이 배산과 좌청룡이 되어 좋은 형국이며, 배산과 좌청룡이 좋아 미래에 지도자, 공직자가 나올 좋은 형국이다.

충청북도 영동군 황간면 신흥리 새너울중학교

충청북도 영동군 황간면 신흥리 410번지 새너울중학교는 학교를 중심으로 둥근 배산과 우백호가 좋은 형국이며, 배산과 우백호가 좋아 미래에 지도자, 사업가가 나올 좋은 형국이다.

충청북도 옥천군 인포리 안내중학교

충청북도 옥천군 안내면 인포리 289번지 안내중학교는 학교를 중심으로 배산과 좌청룡 우백호가 좋은 형국이며, 배산과 좌청룡 우백호가 좋아 미래에 지도자, 공직자, 사업가가 나올 좋은 형국이다.

충청북도 청주시 오창읍 양청리 양청고등학교

충청북도 청주시 오창읍 양청리 656-2번지 양청고등학교는 학교를 중심으로 목령산의 기운을 받은 배산과 좌청룡 우백호가 좋은 형국이며, 배산과 좌청룡 우백호가 좋아 미래에 지도자, 공직자, 사업가가 나올 좋은 형국이다.

PART
04

명당 사찰 여행

명당 사찰 여행

　명당 사찰 여행이란 명당 자리와 명당 사찰을 여행하며 좋은 기운을 받는 것이다. 목적이 있는 여행이라면 가고 싶은 곳들을 가면 되지만, 어딘가 좋은 기운 받으며 여행하실 분들께는 아주 유익한 정보가 될 것이다. 사람의 머리는 때로는 비워줘야 또다시 채움이 시작되지 않던가. 명당에서 좋은 기운을 받으며 명상을 하면 비움이 되어 또 다른 채움이 되니 힘이 비축되어 더 큰 발전을 할 수 있다.

　명당 터에서 좋은 기운을 받았다면 다른 곳에 가지 말고, 집으로 바로 가는 게 명당에서 받았던 좋은 기운을 집으로 몰고 갈 수 있어 좋다. 많은 사람들이 명당 터에서 기운을 받는 가장 큰 이유는 마음속에 간절한 바람, 즉 가족의 건강과 행복, 수험생 합격 기원, 지금 하는 일의 성공 때문일 것이다.

　이러한 마음속 바람이 크신 분들일수록 명당을 여행하며 기운을 받는 것이 도움이 된다. 이 책에서는 필자가 방문한 명당들 위주로 소개하며, 미처 올리지 못한 명당들은 다음 책에서 소개할 예정이다. 이 책의 명당과 사찰은 오랫동안 풍수를 연구한 필자의 학문이며, 다른 학자들과 의견이 다를 수는 있다.

강원특별자치도 원주시 소초면 학곡리 구룡사

강원특별자치도 원주시 소초면 학곡리 1016번지 구룡사는 신라시대 의상대사께서 창건하셨으며, 대웅전 자리에 9마리의 용이 살고 있는 연못을 메우고 사찰을 창건해 구룡사라고 했다. 원주의 상징인 치악산이 배산임수 및 좌청룡 우백호를 잘 갖춰주며, 사찰로 들어오는 용맥의 힘이 좋아 명당의 형국이 되었다.

출처 : 저자 제공(이하 동일)

강원특별자치도 정선군 고한읍 고한리 정암사

　강원특별자치도 정선군 고한읍 고한리 2번지 정암사는 신라시대 자장율사께서 당나라 산서성에 있는 청량산 운제사에서 문수보살님을 친견하시고 석가세존의 정골사리(석가모니의 머리꼭대기뼈(정골) 사리), 치아, 불가사(부처님의 옷), 패엽경(나뭇잎에 쓴 경전) 등을 전수하시어 동왕 12년에 귀국해 14년에 금탑, 은탑, 수마노탑을 쌓고 부처님의 사리와 유물을 봉안했다. 부처님의 정골사리를 모신 곳이므로 불상을 모시지 않았는데, 이러한 성지를 '적멸보궁'이라고 한다. 배산임수 및 좌청룡 우백호를 잘 갖추고 용맥의 힘이 좋아 명당의 형국이 되었다.

경기도 수원시 영통구 이의동 광교솔내공원

경기도 수원시 영통구 이의동 1215번지 광교솔내공원은 광교산이 용맥이 되고 좌청룡 우백호의 명당 형국이다. 이곳은 안동 김씨 묘역이기도 한데, 당시 얼마나 풍수의 중요성을 귀하게 여겼으면 교통이 어렵던 그 시절에도 머나먼 안동에서 광교까지 묘를 썼을지 생각해보게 된다. 안산까지 잘 갖춰진 명당의 좋은 터이니 솔내공원을 산책하는 것만으로도 좋은 기운을 가득 받을 수 있다.

출처 : 네이버 지도(이하 동일)

경기도 시흥시 능곡동 류자신 선생 묘

경기도 시흥시 능곡동 617번지 류자신 선생 묘는 관무산이 용맥이 되고, 좌청룡 우백호가 되어 명당 형국이 되었다. 용맥과 좌청룡 우백호의 기운이 강해 명당의 형국이 되었으며, 묘역을 걷는 것만으로도 힐링되고, 좋은 기운을 가득 채울 수 있으므로 명당 여행지로 아주 좋다.

경상북도 봉화군 명호면 북곡리 청량사

경상북도 봉화군 명호면 북곡리 247번지 청량산에 위치한 청량사는 신라시대 원효대사, 의상대사가 세운 사찰이다. 문필봉 바위가 배산하고 좌청룡 우백호가 되어 최고며, 앉아만 있어도 좋은 기운을 가득 받을 수 있다. 풍수지리에서 문필봉은 학자, 판검사를 만드니 아주 좋은 청렴한 기운을 가진 명당이다.

부산광역시 서구 암남동 동섬

부산광역시 서구 암남동 703-1번지 동섬은 구덕산, 천마산, 진정산으로 이어진 기운이 동섬에 모두 모여 명당의 기운이 모이고 있다. 송도 케이블카를 타고 갈 수도 있고, 암남노외 공영주차장에 바로 주차하고 가도 된다. 장수와 재복의 상징인 거북을 닮은 명당의 좋은 기운이 모이는 자리니 오래 머물수록 좋다.

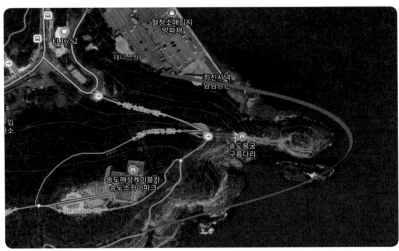

세종특별자치시 전의면 다방리 비암사

세종특별자치시 전의면 다방리 4번지 비암사는 삼국시대 때 도선국사께서 창건한 절이며, 명당 사찰 기도처로도 최고다. 풍수지리적으로 최고인 비암사는 용맥의 운주산이 배산을 하고, 좌청룡 우백호의 안산을 갖췄으며, 사신사의 조건까지 완성되어 뛰어난 명당의 조건을 만들었다.

전북특별자치도 김제시 금산면 금산리 금산사

　전북특별자치도 김제시 금산면 금산리 3번지 금산사는 모악산 용맥이 배산을 하고, 뛰어난 좌청룡 우백호가 명당의 형국을 만들었다. 특히 용맥 앞에 자리한 적멸보궁은 용맥의 기운을 가득 받으니 소원을 빌러 오는 분들께는 최고의 기도처다. 여기서 적멸보궁은 부처님 진신사리가 모셔진 자리다.

전북특별자치도 부안군 진서면 석포리 내소사

전북특별자치도 부안군 진서면 석포리 268번지 내소사는 관음봉 용맥이 배산을 하고, 뛰어난 좌청룡 우백호가 명당의 형국을 만들었다. 특히 용맥 앞에 자리한 대웅보전은 용맥의 기운을 가득 받으니 소원을 빌러 오는 분들께는 최고의 기도처다.

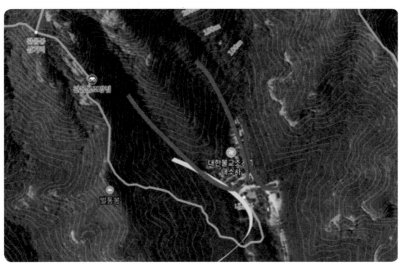

충청남도 공주시 사곡면 운암리 마곡사

충청남도 공주시 사곡면 운암리 567번지 마곡사는 백제 의자왕(서기 643년) 때 자장율사가 창건하고, 명종 1172년에 보조국사가 중건했다. 태화산의 용맥이 배산을 하고, 좌청룡 우백호가 뛰어나며, 내천이 태극으로 감아주어 뛰어난 명당이 되었다. 왕이 나올 정도로 기가 강하고 좋은 좌청룡 쪽 군왕대도 기운이 강해 기를 받을 때는 최고다.

충청남도 공주시 정안면 장원리 정자

충청남도 공주시 정안면 장원리 589-6번지 용맥의 정자는 용맥을 중심으로 좌청룡 우백호와 안산이 뛰어나다. 위성 사진에서 볼 수 있듯 좌청룡 외청룡까지 뛰어나 최고 명당 형국이 되었으며, 특히 이런 자리는 공부하는 학생들과 고시생들에게 최고로 좋은 터다. 신기하게도 지자체장님께서 이렇게 좋은 명당 자리에 정자를 지어주시어 크게 감사드린다.

충청남도 논산시 양촌면 중산리 쌍계사

충청남도 논산시 양촌면 중산리 산13-1번지 쌍계사는 명당 사찰 기도처로도 유명하며, 서북향이지만 용맥이 배산하고 좌청룡 우백호를 잘 갖춰 뛰어난 명당의 형국이 되었다. 특히 혈터에 자리한 관음보살상은 비가 오면 얼굴이 비에 젖지 않는 보살상으로도 유명하며, 필자가 KBS 2TV〈생생정보통〉1641회에서 풍수지리적 해석을 했던 곳이기도 하다. 이미 많은 신도들이 기도한 후 소원을 이룬 명당 사찰이다.

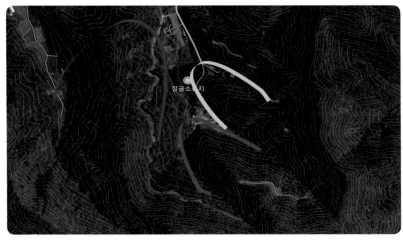

충청남도 예산군 덕산면 상가리 남연군 묘

충청남도 예산군 덕산면 상가리 35-49번지 명당 남연군 묘는 왕을 2명이나 배출했으며, 가야산의 기운을 힘차게 받아 내려오던 용맥이 남연군 묘에 이르러 혈을 형성하니 명당이 되었다. 특히 명당 묘에서 보이는 좌청룡은 누구도 범접할 수 없는 용맹스러운 용맥이 수문장처럼 지키고 있으며, 우백호는 어머니의 모습처럼 명당을 지켜주고 있어 최고 명당의 형국이 되었다.

충청남도 예산군 향천리 향천사

충청남도 예산군 향천리 117-20번지 향천사는 백제 의자왕 때 세워진 유서 깊은 천년 고찰이며, 당대 고승이신 의각스님께서 창건하셨다. 아래 지도를 보면 용맥의 힘이 강력하고 좌청룡 우백호가 좋은 형국을 이뤘으며, 특히 좌청룡이 온몸을 구부려 용맥에 힘을 실어주니 더욱더 최고의 명당의 형국이 완성되었다.

충청남도 천안시 동남구 안서동 각원사

충청남도 천안시 동남구 안서동 171-3번지 각원사는 사찰을 중심으로 용맥이 배산하고, 좌청룡 우백호가 뛰어나 좋은 형국을 이뤘으며, 사찰 앞의 저수지는 용맥의 기운을 빠져나가지 못하게 잡아주는 형국이 되어 더 좋은 명당이 되었다. 이렇게 용맥의 기운이 강하면 수험생 합격 기도와 사업운을 높이는 기도처로 아주 좋다.

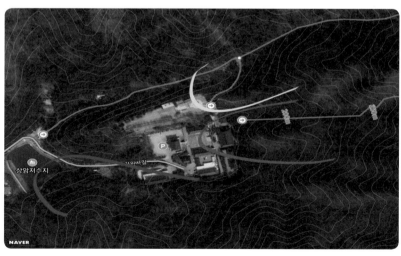

충청북도 괴산군 동부리 일완 홍범식 고택

충청북도 괴산군 동부리 450-1번지 일완 홍범식 고택은 낮고 둥근 배산에 좌청룡 우백호가 있는 좋은 형국이다. 고택을 살펴보면 마치 풍수지리 설계에 맞춘 듯 잘 지어져 있으며, 용맥의 기운을 담은 배산의 기운이 좋다.

저자의 풍수지리 강의 모습
(학교, 기업체, 농협, 은행 등 다수)

사진 출처 : 저자 제공(이하 동일)

대전 건양대학교 평생교육원 풍수지리 강의

거제시 신현농협 수양동 지점
여성대학 풍수지리 강의

벡스코 부산 머니쇼 부자되는 돈 들어오는
풍수지리 강의

동서석유화학 임원진 풍수지리 강의

KB국민은행 이촌PB센터 VVP회원 대상
풍수지리 강의

충남 공주 중앙소방학교 119소방대원
풍수지리 강의

건강과 행복을 부르는 풍수지리

제1판 1쇄 2025년 5월 23일

지은이 이재원
펴낸이 한성주
펴낸곳 ㈜두드림미디어
책임편집 신슬기, 배성분
디자인 노경녀(nkn3383@naver.com)

㈜두드림미디어
등 록 2015년 3월 25일(제2022-000009호)
주 소 서울시 강서구 공항대로 219, 620호, 621호
전 화 02)333-3577
팩 스 02)6455-3477
이메일 dodreamedia@naver.com(원고 투고 및 출판 관련 문의)
카 페 https://cafe.naver.com/dodreamedia

ISBN 979-11-94223-61-0 (03180)

**책 내용에 관한 궁금증은 표지 앞날개에 있는 저자의 이메일이나
저자의 각종 SNS 연락처로 문의해주시길 바랍니다.**

책값은 뒤표지에 있습니다.
파본은 구입하신 서점에서 교환해드립니다.